미소한
그대가
—
희망

미소한 그대가 희망

교회 인가 | 2024년 9월 2일
1판 1쇄 | 2024년 10월 20일

글쓴이 | 한민택
펴낸이 | 김사비나
펴낸곳 | 생활성서사
편집인 | 윤혜원 **디자인 자문** | 이창우, 최종태, 황순선
편집장 | 박효주 **편집** | 안광혁, 김병수, 이광형
디자인 | 강지원 **제작** | 유재숙 **마케팅** | 노경신 **온라인 홍보** | 박수연
등 록 | 제78호(1983. 4. 13.)
주 소 | 서울특별시 강북구 덕릉로42길 57-4
편 집 | 02)945-5984
영 업 | 02)945-5987
팩 스 | 02)945-5988
온라인 | 신한은행 980-03-000121 재) 까리따스수녀회 생활성서사
인터넷 서점 | www.biblelife.co.kr
가톨릭 교회의 모든 도서는 '생활성서사' 인터넷 서점에서 만나실 수 있습니다.

ISBN 978-89-8481-681-7 03230
책값은 뒤표지에 있습니다.

ⓒ 한민택, 2024.
성경·전례문·교회 문헌 ⓒ 한국천주교중앙협의회, 2024.
이 책은 저작권법에 의해 보호를 받는 저작물이므로 무단 복제를 금합니다.

글쓴이 한민택

● 대림·성탄 새로 봄 ●

미소한 그대가
희망

생활
성서

• 추천사 •

가난과 희망의 영성

　한민택 바오로 신부님의 신간 『미소한 그대가 희망』의 출간을 진심으로 축하합니다.
　신부님은 수원교구 소속으로 수원가톨릭대학교에서 신학생 양성에 종사하고 있습니다. 신학교 강의와 신학생 생활 지도 그리고 신학교 보직 등 바쁜 와중에도 신부님은 신자들과 소통하기 위해 늘 노력하셨으며, 신부님의 그러한 노력이 이번에 대림·성탄 묵상집이라는 알찬 결실을 맺게 되었습니다.
　이 책은 희망에 대해 이야기하고 있습니다. 희망은 대림과 성탄 시기에 적합한 주제일 뿐만 아니라 「희망의 순례자들」이라는 주제로 개최되는 2025년 희년과도 잘 어울립니다. 이 시대는 그 어느 때보다 희망을 목말라하는 시대입니다. 기후 위

기, 코로나-19 팬데믹, 지구촌 곳곳의 기아와 빈곤, 전쟁 등으로 인한 희생과 상처가 가득한 지금, 희망을 어디서 찾아야 할지 몰라 괴로워하는 사람들에게 이 책은 희년의 취지에 따라 그리스도교 신앙이 제시하는 참된 희망의 길을 안내합니다.

저는 이 책 제목에서 '희망'이라는 단어에 붙은 '미소한 그대'에 머물러 보시기를 여러분께 권해 드립니다. 신부님은 대림과 성탄 시기를 통해 '육화'의 신비를 깊이 묵상하시며, 그 신비가 다름 아닌 가장 미소한 이를 구원하시기 위해 가장 미소한 이가 되어 오신 예수님 구원의 신비임을 알려 주십니다. 신부님은 희망을 갈구하는 이 시대 사람들에게 가장 미소한 이를 찾아오신, 구유에 누우신 예수님을 바라보라고 하십니다. 그분에게만 진정한 희망이 있기 때문입니다.

미소한 이의 영성은 가난의 영성이자 희망의 영성입니다. 이 책과 함께 대림과 성탄 시기를 걸으며 육화와 구원의 신비에 깊이 참여하고, 거기서 오는 기쁨과 희망을 이웃에게 전해 주시기 바랍니다.

다시 한번 훌륭하고 영적으로 유익한 책을 출간하신 한민택 바오로 신부님께 진심 어린 축하와 격려의 말씀을 드립니다.

수원교구 교구장 대리
문희종 요한 세례자 주교

✝ 문희종

• 머리말 •

대림 시기, 삶의 비타민

우리 삶에는 중요한 계기가 필요합니다. 삶에 활기를 주는 순간들이 필요합니다. 기다림과 기대, 설렘 등은 우리 삶을 윤택하고 활기 있게 하며 깨어 있게 하는 감정들입니다. 어떤 사람은 여행을 준비하며 그런 감정들을 느낄 수 있고, 어떤 사람은 피정을 준비하며 체험할 수도 있습니다. 버킷리스트를 만들어 하나씩 준비해 나간다면 얼마나 마음이 설렐까요?

이처럼 우리 삶에는 '돌파구'가 필요합니다. 사람은 희망과 기대, 설렘으로 살아가기 때문입니다. 우리는 설렘과 기대를 안고 준비하며 기다리는 그 시간이 무척 중요하다는 것을 경험합니다. 그런 것들이 없다면 삶은 너무나 무미건조할 것입니다. 기다리고 준비한 시간이 더 값지다는 것을 나중에야 깨달는 것이죠.

이러한 깨달음은 우리 삶의 비타민과 같습니다. 이런 삶의 비타민에는 또 어떤 것들이 있을까요? 아마도 대림과 성탄 시기가 우리 삶에 비타민이 되어 주지 않을까요?

하지만 우리 신자들은 대림 시기를 성탄을 위한 '도구'로 여길 위험에 빠지기 쉽습니다. 고해성사나 피정 등으로 성탄을 잘 준비하려 노력하는 것은 중요한 일이지만, 거기에만 머물다 보면 성탄의 깊은 의미, 우리를 다시 태어나게 할 놀라운 의미를 깨닫지 못할 수도 있기 때문입니다.

신앙은 완벽한 도덕주의가 아닙니다. 그리스도교 신앙은 처음부터 다시 오실 주님을 기다리는 '기다림의 신앙'이었습니다. 다시 오실 주님을 설렘과 기대로 손꼽아 기다리는 것, 기다림의 초점을 주님의 '다시 오심'에 맞추고, 그분이 오실 날을 손꼽아 기다리며 준비하는 것이 중요합니다. 그래야지만 성탄을 준비하는 기간이 고역이 아닌, 보람되고 흥겨우며 값진 시간이 될 것입니다.

그렇다면 왜 성탄이 기대와 설렘으로 준비하고 기다려야 할 축제일까요? 성탄의 그 무엇이 나를 설레게 하는 건가요? 이 질문에 대한 답은 우리 각자가 찾아야 할 것입니다. 스스로 직접 그 답을 찾아보고, 그 질문에서 얻는 희망을 직접 체험해야 확신에 차 이야기할 수 있습니다.

'미소한 그대가 희망', 성탄의 신비를 아름답게 밝혀 주는 이 문구로 그 여정을 시작하려 합니다. 그렇습니다. 미소한 그대가 희망입니다. 우리를 사랑하셔서 가장 미소한 자 되어 오신 분, 그리고 그분께서 찾아오신 미소한 우리들 모두, 대림과 성탄 축제를 아름답게 밝히는 수많은 촛불들입니다.

이 아름다운 여정에 여러분과 동행할 수 있어 기쁩니다. 그리고 이 여정이 끝날 무렵 걸어온 길을 돌아보며 서로를 향해 행복한 미소를 주고받기를 희망합니다.

한민택 바오로 신부

• 차례 •

추천사	가나과 희망의 영성	4
머리말	대림 시기, 삶의 비타민	7
대림 제1주일	깨어 기다리는 마음	16
대림 제1주간	철부지의 마음	21
대림 제2주일	좋은 일	28
대림 제2주간	미소한 그대가 희망	36
대림 제3주일	뜻밖의 방문들	48
대림 제3주간	거슬러 올라가는 발걸음	54
대림 제4주일	자유로운 사랑의 관계	66

대림 시기 영적 여행

12월 17일	시작으로의 초대	**77**
12월 18일	천사가 지나간다	**80**
12월 19일	시련이 지나가면	**84**
12월 20일	모호함 가운데 나타나는 하느님의 놀라운 계획	**90**
12월 21일	만남의 기쁨	**93**
12월 22일	마리아의 노래	**97**
12월 23일	놀라워할 수 있는 마음	**101**
12월 24일	즈카르야의 노래	**107**

초대 시

성탄은　　　　　　　　　112
12월 25일 주님 성탄 대축일
하느님의 프러포즈　　　　116
12월 26일 성 스테파노 첫 순교자 축일
참증인　　　　　　　　　120
12월 27일 성 요한 사도 복음사가 축일
보는 것과 믿는 것　　　　124
12월 28일 죄 없는 아기 순교자들 축일
두려움과 욕심의 결말　　　126
12월 29일 성탄 팔일 축제 제5일
겸손한 이에게 주어지는 축복　128
12월 30일 성탄 팔일 축제 제6일
온 삶을 바친 기다림　　　　131
12월 31일 성탄 팔일 축제 제7일
하느님을 알려 주신 분　　　133
예수, 마리아, 요셉의 성가정 축일
더 큰 성가정을 위하여　　　135
송년 미사
시작이요 마침이신 내 삶의 주인께　140
한 해를 마감하고 새해를 맞으며 로마에서 쓴 편지
희망의 노래　　　　　　　143

성탄 시기 영적 여행

1월 1일 천주의 성모 마리아 대축일
　　　　하느님을 닮은 인간의 품위　　　　155

1월 2일
　　　　진정한 성탄 맞이　　　　163

1월 3일
　　　　온전히 내어 주는 사랑　　　　166

1월 4일
　　　　찾는 사람들　　　　171

1월 5일
　　　　우리 안의 하늘 문　　　　176

1월 6일
　　　　겸손 3종 세트　　　　179

주님 공현 대축일
　　　　별을 따라서　　　　182

주님 공현 대축일 후 주간
　　　　찾아 나서는 용기　　　　189

주님 세례 축일
　　　　하느님 자녀 됨의 고귀함　　　　197

주님 봉헌 축일
　　　　약속을 잊지 않는 희망　　　　203

대림 · 성탄 시기 묵상 시
　　　　미소한 그대가 희망　　　　208

대림 시기
영적 여행

• 대림 제1주일 •

깨어 기다리는 마음

우리가 지닌 희망

대림 시기는 아기 예수님의 탄생을 준비하는 시기일 뿐만 아니라, 종말에 다시 오실 주님을 깨어 기다리며 마음을 새롭게 하고 우리의 궁극적 희망을 재발견하는 시기이기도 합니다. "다만 여러분의 마음속에 그리스도를 주님으로 거룩히 모시십시오. 여러분이 지닌 희망에 관하여 누가 물어도 대답할 수 있도록 언제나 준비해 두십시오."(1베드 3,15).

초대 교회 때부터 박해를 받던 신자들은 다시 오시겠다고 하신 주님의 약속을 잊지 않고 희망을 간직한 채 간절히 기다리는 삶을 살아왔습니다. 교회는 오늘도 주님의 다시 오심을 손꼽아 기다리고 있습니다.

그런데 예수님께서는 오늘 우리에게 어떤 모습으로 다시 오실까요? 허황된 꿈이나 환상이 아니라면, 주님의 다시 오심이 갖는 구체적이고 실제적인 희망은 무엇을 말하는 것일까요?

희망의 역설을 생각해 봅니다. 인간은 희망 없이는 한순간도 살아갈 수 없습니다. 내일을 살아갈 일말의 희망이라도 보여야 오늘을 살 수 있습니다. 평소에는 잘 모르다가도 큰 병에 걸렸을 때, 죽음의 순간이 다가옴을 느낄 때, 도저히 희망을 찾을 수 없어 괴로울 때 그동안 하루하루 우리를 살게 했던 것은 크고 작은 희망이었음을 깨닫게 됩니다.

스스로에게 질문을 던져 봅시다. 나는 무엇을 희망하고 있습니까? 나에게 오늘을 살게 하는 내일의 희망은 무엇인가요? 혹시 어떠한 희망도 없이 살고 있지는 않나요? 마지막 순간이 다가올 때, 아무런 희망도 보이지 않을 때 나는 과연 살아날 수 있을까요?

어머니께서 암 투병 중 하신 말씀이 떠오릅니다. "어떻게 해요, 죽을 수도 없고 살 수도 없으니. 하느님께서는 왜 나를 곧바로 데려가지 않으시는지 모르겠어요. 왜 이렇게 살려 놓으셔서 괴롭게 하시는지." 희망의 상실이 불러온 어머니의 번민과 괴로움에 공감하면서, 어머니께서 그 시간을 지내실 수 있었던 믿음, 보이지 않는 희망은 과연 무엇이었을지 묻게 됩니다.

우리는 매일의 크고 작은 희망으로 살아가지만, 인간적인 희망은 결국 우리를 저버릴 것입니다. 교회는 하느님만이 유일한 희망이시라고 가르치지만, 너무 막연하기만 합니다. 하느님께서 어떻게 희망이신가요? 구체적으로 어떤 희망을 말하는 것인가요?

그 해답은 직접 희망을 찾고 모색했던 사람만이 찾을 수 있을 것입니다. 욥처럼 길고 긴 고뇌의 시간, 번민과 괴로움의 시간을 보내면서도 굴하지 않고 희망을, 의미 있는 삶을 찾고자 한 사람만이 대답을 할 수 있을 것입니다. 그들은 괴로움과 번민 중에도 희망을 놓지 않고 하느님을 찾았던 그 자체로 희망이신 하느님께 더 가까이 다가가 있기 때문입니다.

희망은 우리가 좌우할 수 있는 것이 아닙니다. 우리에게 달려 있지 않습니다. 다만 찾고 걸으면서 그 희망에 조금씩 다가가는 것입니다. 신앙으로 걷는 길은 그 자체가 희망의 길입니다. 그 길을 걸을 때 희망은 선물처럼 주어질 것입니다.

주님께 받은 마지막 선물, '오늘'

대림 제1주일, 예수님께서는 우리에게 깨어 기도하며 준비하라고 당부하십니다. "그러니 너희도 준비하고 있어라. 너희가 생각하지도 않은 때에 사람의 아들이 올 것이기 때문이다."(마태 24,44). 그날과 그 시간을 모르기 때문에, 지금을 마지막 때라고 여기고 당장 새롭게 살기로 결심하라는 것입니다. 시간은 결코 우리를 기다려 주지 않습니다.

'오늘'이 주님께 받은 마지막 선물인 것처럼 지금 이 순간에 최선을 다하는 것, 그 선물을 최선을 다해 살아 주님께 영광을 돌리는 것이 희망입니다. 나머지는 주님께 맡기는 삶, 그것이 바로 그리스도인이 사는 방식입니다. 그리고 보니 투병 중이셨던 어머니는 일기장에 매일 이렇게 남기셨습니다. "하느님, 오늘 이 모든 영광을 당신께 드립니다."

희망은 예수님처럼 자신을 비우고 버리는 데 있습니다. 가난하고 겸손한 이의 마음에 주님은 오십니다. 그런 마음을 지니면 하느님을 희망으로 만날 수 있습니다. 그렇기에 오늘 우리에게 주어진 희망의 길은 가난과 겸손의 길입니다. 내 안에 내가 많을수록 집착이 강해지고, 나를 괴롭힙니다. 못살게 합니다. 주님께 나를 맡겨 드릴 수 있을 때 집착을 버릴 수 있습니다. 내가 무엇에 집착하는지 바라보고 그것의 덧없음을 깨달을 때, 내 욕심대로 살려는 집착에서 벗어나 주님께서 바라시는 대로 살려는 믿음을 가질 때, 우리는 정말 자유로워집니다.

우리의 최종 희망은 다시 오시는 주님과 만나는 것입니다. 초대 교회 공동체는 주님의 재림을 기다리며 이렇게 기도했습니다. "마라나 타!" 요한 묵시록에서도 "내가 곧 간다."라는 주님의 말씀에 "아멘. 오십시오, 주 예수님!" 하고 응답합니다(22,20 참조). 그러므로 그리스도인에게 주님의 재림은 두려움이 아닌 희망의 대상입니다. "주님, 어서 오소서! 오시어 우리와 함께 해 주소서! 우리 편이 되어 주소서. 우리를 구원해 주소서!"

주님께서 주시는 희망이 빈말이나 우리만의 잔치에 그치지 않고, 모든 이를 위한 진정한 희망이 되기 위해서는 우리가 변화되어야 합니다. 대림 시기를 보내는 동안 병자와 가난한 사람을 방문하고 묘지를 찾아 죽음에 대해 묵상하며 자신을 비우는 시간을 갖기를 바랍니다. 또한 희망의 불꽃을 다시 피워 주시기를 주님께 간청해야 합니다. 그 불꽃은 세상이 아닌 오직 주님께서만 피우실 수 있습니다.

오늘, 나를 위한 질문

1. 나에게 오늘을 살게 하는 희망에는 어떤 것들이 있나요?
2. 진정한 희망을 찾기 위해 어떤 실천을 하고 있나요?

• 대림 제1주간 •

철부지의 마음

가장 작은 이를 찾아오시는 분

"아버지, 하늘과 땅의 주님, 지혜롭다는 자들과 슬기롭다는 자들에게는 이것을 감추시고 철부지들에게는 드러내 보이시니, 아버지께 감사를 드립니다. 그렇습니다, 아버지! 아버지의 선하신 뜻이 이렇게 이루어졌습니다."(루카 10,21).

대림 제1주간에 듣는 이 말씀은 오시는 주님을 우리가 어떤 마음으로 기다려야 할지 일깨워 줍니다.

루카 복음서의 '철부지'는 교육을 받지 못한 이, 지혜를 갖추지 못한 이를 의미합니다. 예수님께서는 철부지들의 마음을 헤아린, 그리고 그 마음으로 하느님을 알고 기쁨에 겨운 당신 자신을 철부지라 이르셨습니다.

예수님께서는 지혜롭고 슬기로운 자가 아닌, 가장 낮은 자, 배우지 못한 자와 함께하십니다. 그들 '가운데' 계시는 것만으로 그치지 않고 그들과 당신을 '동일시'하십니다. "너희가 내 형제들인 이 가장 작은 이들 가운데 한 사람에게 해 준 것이 바로 나에게 해 준 것이다."(마태 25,40).

하느님께서 지혜롭고 슬기로운 자가 아니라 철부지들에게 드러내 보여 주신 것은 무엇일까요? 아버지의 선하신 뜻이 이루어지는 곳, 바로 하느님 나라입니다. 지혜롭고 슬기로운 자들이 볼 수 없는 하느님 나라의 신비는 모든 것이 하느님의 뜻과 계획대로 이루어지는 신비입니다.

루카 복음서 10장 21절의 예수님 말씀에는 깊은 체험이 담겨 있습니다. 철부지가 되었을 때, 철부지와 같은 존재임을 깨달았을 때 하느님을 알아보는 체험입니다. 자기 뜻대로가 아니라, 철부지들처럼 하느님께서 이루시는 뜻을 찾고 그 뜻에 순응하라는 초대이자, 아버지의 계획에 따라 의탁하는 믿음을 촉구하는 말씀입니다.

대림 시기는 우리의 믿음이 다가오실 주님, 미래의 주님으로 향하도록 인도합니다. 하느님께서는 먼 과거에 계신 분이 아니라 지금 저 앞에서 우리를 기다리시는 분입니다. 마치 처음 걷기 시작하는 아기를 앞에서 기다리는 부모처럼, 우리가 한 걸음 앞으로 걸어갈 수 있도록 두 손으로 맞아 주시며 격려해 주시는 분입니다.

첫걸음을 내딛는 아이가 쓰러질 듯 비틀거리지만 부모는 아이가 앞으로 걸어 나가도록 격려하며 기뻐합니다. 하느님께서는 당신 자녀인 우리가 고개를 들고 용기를 내어 한 걸음씩 앞으로 나아가기를 바라시며 격려하시고 응원하십니다. 쓰러져도 다시 일으켜 세워 주시고 용기를 북돋아 주십니다. 그런 아버지의 마음과 사랑을 만날 수 있도록, 우리 삶에서 늘 이루어지는 하느님 아버지의 뜻을 깨달을 수 있도록, 하느님 앞에서 겸손함과 철부지의 마음을 청해 보면 어떨까요?

"너희가 믿는 대로 되어라"

대림 시기는 희망과 기다림의 시기입니다. 대림 제1주간의 전례는 그리스도인에게 희망이란 무엇인지 묵상하도록 우리를 초대합니다.

우리가 믿는 하느님은 저 멀리 하늘에서 우리를 내려다보시는 분이 아닙니다. 그분은 당신 백성의 삶을 속속들이 잘 아시고, 그들의 희로애락을 당신 것으로 삼는 분이십니다. 그분은 친히 당신 백성의 삶으로 들어오십니다. 임금이신 그분은 우리에게 평화와 영원한 생명을 주시기 위해 임금의 신분조차 내려놓으시고 우리와 똑같이 되신 분입니다. 우리는 그리고 세상은 평화와 영원한 생명을 얼마나 애타게 바라고 있습니까?

이사야서 말씀에는 주님께서 당신 백성을 찾아오실 때가 예고되어 있습니다. 고난과 시련의 시기를 거친 다음, 기쁨에 기쁨이 더해지고 즐거움이 가득할 것이라 기록되어 있습니다(이사 29,19 참조). 여기서 주목해야 할 내용이 있습니다. 그날이 '겸손한 이들'과 '가장 가난한 이들'에게 다가올 것이라는 말씀입니다. 대림 시기를 지내는 우리가 새겨들어야 할 말씀이 아닐까요? "나는 마음이 온유하고 겸손하니 내 멍에를 메고 나에게 배워라."(마태 11,29). 온유하고 겸손하게 우리에게 오실 예수님을 모시기 위해, 우리도 온유하고 겸손한 마음을 배워야 합니다. 그러기 위해서는 우리 마음을 빼앗고 속박하는 것들을 내려놓아야 하지 않을까요? 세상 걱정과 근심, 두려움, 아픔과 상처를 비우고 주님을 맞이할 준비를 해야 합니다.

종종 마음 둘 곳을 찾지 못해 헤매는 우리에게 필요한 것은 눈을 뜨는 것입니다. "눈먼 이들의 눈도 어둠과 암흑을 벗어나 보게 되리라."(이사 29,18). 시편 저자는 빛이신 주님을 노래합니다. "주님은 나의 빛, 나의 구원."(시편 27,1). 어둡고 긴 터널을 지나는 것만 같은 우리의 삶에서 필요한 것은 어두운 길을 비출 빛입니다. "보라, 우리 주님이 권능을 떨치며 오시어, 당신 종들의 눈을 밝혀 주시리라."

예수님께서는 우리의 눈을 열어 주십니다(마태 9,27-31 참조). "다윗의 자손이시여, 저희에게 자비를 베풀어 주십시오." 눈먼 이들은 주님께 간청하며 그분을 따라갑니다. 집 안까지 따라오는 그들에게서 간절함을 엿볼 수 있습니다. 그런 그들에게 주님께서 물으십니다. "내가 그런 일을 할 수 있다고 너희는 믿느냐?" 주님은 이미 그들의 마음을 꿰뚫어 보고 계셨습니다. 그들은 답합니다. "예, 주님!" 그러자 예수님께서 그들의 눈에 손을 대시며 이르십니다. "너희가 믿는 대로 되어라." 그들은 곧 눈이 열려 예수님에 관한 이야기를 널리 퍼뜨립니다.

대림 시기를 지내는 우리는 과연 얼마나 간절한 마음으로 그분을 따라가고 있습니까? "내가 그런 일을 할 수 있다고 너희는 믿느냐?"라고 물으시는 예수님께 우리는 무어라고 답하겠습니까? 주님께서 우리에게 무엇을 해 주시기를 간절히 바라고 있습니까? "우리는 구세주 예수 그리스도를 기다리네. 그분은 우리의 비천한 몸을 당신의 영광스러운 몸과 같이 바꾸어 주시리라."(필리 3,20-21 참조). 우리는 그분께서 우리의 비천한 몸을 영광스러운 몸으로 바꾸어 주시기를 바라고 있습니까? 아니면 우리 욕심을 한껏 채워 주시기를 바라고 있습니까?

주님께서는 대림 시기를 통해 겸손과 가난의 길로 우리를 초대하십니다. 어떤 치장도 하지 맙시다. 순수하고 꾸밈없는 마음으로 성탄을 준비합시다. 그분께서는 우리와 똑같은 모습으로 초라하고 보잘것없는 우리 삶 가운데 오셔서 우리 안에 놀라운 일을 이루어 주실 것이기 때문입니다.

창조 질서와 생명을 회복시키실 분

대림 제1주간 이사야서의 말씀들은 주님의 다시 오심을 기다리는 이의 마음에 희망을 북돋아 줍니다. 이사야가 예언한 내용은 다양한 사회적 관계와 관련이 있습니다. 이사야는 단순한 치유가 아니라 창조 질서와 생명 회복에 관해 말합니다. 이는 온갖 종류의 억울함과 불의를 깨뜨리고 정의를 바로 세우는 일에 관한 것입니다. 인간이 인간 고유의 존엄성을 인정받고 고귀함을 되살리는 것입니다. 존재가 무상無償의 존재로서 지닌 선물성을 회복하는 것, 존재의 고귀함을 되찾아 주는 것입니다. 이사야는 하느님께서 보시니 참 좋았던 창조 질서의 회복을 예언하였습니다.

복음서에서 예수님은 이사야가 예언한 대로 창조 질서와 생명을 회복시키는 분으로 등장하십니다. 예수님은 하느님 아버지의 마음으로 인간을 대하십니다. 힘이 아닌 온유와 겸손으로 그 모든 일을 이루십니다. 그분의 구원은 인간에게 그가 마땅히 받아야 할 인간 대접을 하시며 타고난 존엄성과 숭고함을 되돌려 주시는 전인적 치유로 드러납니다.

예수님의 탄생을 준비하는 대림 시기, 우리는 다시 오실 주님을 어떤 희망과 기대로 기다려야 할까요? 일상에서 만나는 사람들, 우리가 경험하는 억울함과 짓눌림, 숨 막힘, 삶의 고뇌를 주님께 맡겨 드립시다. 주님께서 어서 오셔서 우리에게서 이 모든 굴레와 짐을 벗겨 주시기를, 하느님께서 지으신 아름답고 고귀한 우리의 본래 모습을 되찾게 해 주시고, 생명을 회복시켜 주시기를 청하며 대림 시기를 지냅시다.

오늘, 나를 위한 질문

1. 겸손을 청하기 위해 맨 먼저 내려놓아야 할 것은 무엇인가요?
2. 다시 오실 주님께 어떤 고뇌를 맡겨 드리고 싶나요?

• 대림 제2주일 •

좋은 일

희망의 메시지

"회개하여라. 하늘 나라가 가까이 왔다."(마태 3,2). 세례자 요한은 사람들에게 종말과 심판을 예고하며, 회개를 촉구합니다. 그리고 회개를 위한 세례를 베풉니다.

지금 이 순간, 종말과 심판은 나에게 어떻게 다가오나요? 만약 두려움의 대상이라면 자신의 죄를 바라보기 때문일 것이고, 희망의 대상이라면 불의한 세상 속에서 진정한 정의가 펼쳐지기를 갈망하기 때문일 것입니다.

당시 유다인들의 기다림은 매우 구체적이고 현실적이었습니다. 따라서 세례자 요한의 선포도 매우 현실적이었을 것입니다. 로마의 압제 아래 사람들은 궁핍하고 기댈 곳 없는 삶을 살고 있었고, 정치·종교 지도자들은 사리사욕에 빠져 민중을 돌보지 않았습니다. 이러한 맥락에서 세례자 요한의 꾸짖음은 이해가 됩니다. "독사의 자식들아, 다가오는 진노를 피하라고 누가 너희에게 일러 주더냐?"(마태 3,7). 그러고는 이렇게 덧붙입니다. "회개에 합당한 열매를 맺어라."(마태 3,8).

지금 우리 현실을 바라봅시다. 남북의 대립, 경제적·사회적·정치적 양극화 현상이 갈수록 심해지고 있습니다. 수많은 정치인들이 정권을 잡고, 잡은 정권을 지키는 데만 혈안이 되어 정작 고통 속에 신음하는 국민의 삶은 돌보지 않고 외면하고 있습니다.

과연 우리에게 희망은 있을까요? 좋은 열매를 맺지 않는 나무는 모두 찍혀서 불 속에 던져질 것이며, 주님께서 키를 드시고 타작마당을 깨끗이 하시어, 알곡은 곳간에 모으고 쭉정이는 불에 태워 버리실 것이라는 세례자 요한의 선언은 당시 사람들에게 회개를 촉구하는 희망의 메시지였습니다. 지금 우리가 겪는 오늘의 현실에서도 세례자 요한의 선언은 희망의 메시지로 다가옵니다. 주님께서 제발 지금 이 상황에 종지부를 찍으시고, 정의를 바로잡아 주시기를 희망하기 때문입니다.

우리는 주님의 다시 오심을 기다리고 있습니다. 우리가 경험하는 불의와 폭력, 억울함, 억눌림, 특히 인간으로서 마땅히 받아야 할 대접을 받지 못하는 상황 속에서 차이고 치이고 꺾이고 무릎 꿇고 고통당하는 우리에게 오셔서 모든 것을 바로잡아 주시기를, 정의를 세워 주시기를, 권리를 되찾아 주시기를 간절히 바라고 있습니다.

그분은 이미 우리 안에 와 계신 분이기도 합니다. 그분은 우리와 함께 계시면서 우리에게 위로의 말씀을 건네시고 눈물을 닦아 주시며 손을 내밀어 주십니다. 지금 여기서 의로움의 열매를 맺자고 우리를 초대하시며, 우리의 빼앗긴 권리를 되찾아 주시고 존엄을 회복시켜 주고자 하십니다.

대림 시기는 우리 자신을 비우고 다시 오시는 주님을 맞이할 준비를 할 때입니다. 이미 오신 주님을 마음을 열고 우리 안에 맞이할 때이기도 합니다. 그러기 위해서는 주님께서 우리를 대하셨듯이 우리도 서로를 소중한 존재로 존중하고 섬기며 주님의 오심을 준비해야 할 것입니다.

주님께서 시작하신 '좋은 일'

대림 제2주일에 선포되는 하느님의 말씀은 기쁨과 희망의 메시지로 가득합니다. 활기차면서도 장엄한 구원 업적을 노래하는 이야기들 속으로 우리를 초대합니다. 이 이야기들은 우리를 위해 주님께서 시작하신 '좋은 일'에 관한 내용을 담고 있습니다.

먼저 필리피 신자들에게 보낸 서간이 그 실마리를 풀어 줍니다. "여러분 가운데에서 좋은 일을 시작하신 분께서 그리스도 예수님의 날까지 그 일을 완성하시리라고 나는 확신합니다."(필리 1,6).

이어서 화답송으로 그 '좋은 일'이 무엇인지 노래합니다. "주님께서 시온의 운명을 되돌리실 제 우리는 마치 꿈꾸는 이들 같았네. 그때 우리 입은 웃음으로, 우리 혀는 환성으로 가득하였네."(시편 126,1-2).

이스라엘 백성에게 주님께서 해 주신 '좋은 일'은 바빌론 포로 생활에서의 해방이었습니다. 그리스도를 따르는 우리에게 이 해방은 죄와 죽음, 어둠과 절망 속에 살던 우리를 하느님께서 친히 찾아오시어 구원을 베풀어 주신 사건입니다. 그러니 바룩서는 기뻐하라고 합니다. "예루살렘아, 슬픔과 재앙의 옷을 벗어 버리고 하느님에게서 오는 영광의 아름다움을 영원히 입어라."(바룩 5,1).

그 '좋은 일'을 준비한 이가 있었으니, 바로 세례자 요한이었습니다. 낙타 털옷을 입고 메뚜기와 들꿀을 먹으며(마태 3,4 참조) 광야에서 살았던 요한은 이사야 예언자의 말씀대로 구원의 날을 준비한 선구자였습니다. 로마의 식민 지배를 받으며 절망 속에 살고 있던 이스라엘 사람들에게 하늘은 오래전부터 굳게 닫힌 듯 보였습니다. 사람들은 어둡고 꽉 막힌 삶 속에서 탈출구를 찾지 못하였습니다. 바로 그때 요한이 나타나 '죄의 용서를 위한 회개의 세례'를 선포하며, 주님의 오시는 길을 준비하였던 것입니다.

'광야에서 외치는 이의 소리'는 2천여 년이 지난 오늘, 성탄을 준비하는 우리에게도 유효합니다. 주님의 오심을 준비하기에는, 우리 삶에는 여전히 많은 골짜기와 산과 언덕, 굽은 길과 거친 길이 존재하기 때문입니다.

대림 시기는 우리 안에 시작된 하느님의 놀라운 구원 업적을 기억하고, 그분께서 친히 오시어 이를 완성하실 날을 '순수하고 나무랄 데 없는 사람'으로서 맞이하기 위해 깨어 준비하는 시기입니다.

오늘의 전례는 우리에게 묻습니다. 우리 안에 시작된 '탈출기' 곧 진정한 자유와 사랑을 향한 여정에서 우리는 지금 어디에 와 있습니까? 혹시 우리는 세상 걱정과 근심, 쾌락과 유희에 눈이 멀어, 주님께서 곧 오시리라는 것을 잊고 살지는 않았는지요? 주님께서 사랑으로 우리 안에 회복시키신 인격의 고귀한 품위를 더럽히지는 않았는지요?

준비하는 기다림

해마다 찾아오는 대림 시기는 우리가 지금 기다리고 있는 중임을 일깨워 줍니다.

세례자 요한이 나타나 주님께서 곧 오신다고 예고하며, 죄의 용서를 위한 회개의 세례를 선포하였습니다. 그리스도인은 도둑처럼 오실 주님을 맞이하기 위해 늘 깨어 기다리는 삶을 살아갑니다.

생각해 보면 참으로 신기한 것이 '기다림'입니다. 우리는 살아오면서 얼마나 많은 것을 기다려 왔습니까? 소풍날을 기다리기도 하고, 합격자 발표를 기다리기도 하였습니다. 소중한 손님의 방문을, 여행을 떠나신 부모님을, 군에 간 아들의 휴가를, 건강 검진의 결과를, 그리고 지금은 많이 사라졌지만 편지도 참 많이 기다렸습니다.

기다림은 우리 삶에 활력을 줍니다. 설레는 마음으로 기대하도록 합니다. 기다림의 설렘은 우리가 대림 시기를 새롭게 살 수 있게 합니다.

대림은 더 깊은 차원의 기다림을 일깨워 줍니다. 다시 오실 주님을 기다림은, 아기 예수님의 탄생을 기다리는 것만을 의미하지 않습니다. 지금 겪는 죄악과 불의, 부조리 속에서 고통과 상처로 가득한 우리의 삶을 새롭게 시작할 수 있기를 바라는 마음을 담고 있습니다. 고통스럽고 무거운 짐에서 벗어나고픈 간절한 마음을 담고 있습니다. 질병과 죽음, 두려움과 공포, 시기와 질투, 좌절과 절망 이 모든 것으로부터 주님께서 우리를 빼내 주시기를 간절히 기다리는 것입니다. 대림 시기는 우리 삶에 존재하는 비참함과 불의를 의식하고 그것을 넘어서는 희망의 기다림을 되새기도록 합니다.

그러나 기다림만으로는 충분하지 않습니다. 우리의 '준비'가 필요합니다. 세례자 요한이 죄의 용서를 위한 회개의 세례를 선포한 것처럼, 베드로의 둘째 서간에서 주님의 날을 기다릴 준비를 하라고 말씀하신 것처럼, 우리도 주님의 새로 오심을 기다리며 준비해야 할 것입니다. "주님의 날은 도둑처럼 올 것입니다."(2베드 3,10). 어떤 준비를 해야 할까요?

"티 없고 흠 없는 사람으로 평화로이 그분 앞에 나설 수 있도록 애쓰십시오."(2베드 3,14). 이 말씀은 완벽한 엄격주의가 아닌, 주님의 이끄심에 자신을 온전히 맡겨 드릴 수 있는 마음의 상태를 가리킵니다.

"그분께서는 목자처럼 당신의 가축들을 먹이시고 새끼 양들을 팔로 모아 품에 안으시며 젖 먹이는 어미 양들을 조심스럽게 이끄신다."(이사 40,11).

우리는 부차적이고 무거우며 불편한 것들로 얼마나 우리 자신을 옭아매고 있었나요? 주님의 이끄심에 내맡길 수 있는 마음을 갖추도록, 비우고 버리는 대림 시기를 보내기를 바랍니다.

오늘, 나를 위한 질문

1. 주님의 날을 맞이하기 위해 우리는 어떤 준비를 해야 할까요?
2. 우리 사회에서 일어나고 있는 불의와 억눌림에는 무엇이 있나요?

• 대림 제2주간 •

미소한 그대가 희망

기다림의 초점

대림 시기를 어떤 마음으로 살고 있는지 함께 점검해 봅시다. '대림이 되었으니 성탄 전에 판공성사를 봐야겠지?' 좋은 생각이지만, 그저 또 한 번의 성탄을 맞이하기 위한 형식적 준비로 머무는 것은 아닌지 물어야 할 것입니다. 혹은 우리가 대림을 너무 무겁게 살려고 하는 것은 아닌지 모르겠습니다.

사실 대림 시기 기다림의 초점은 하느님의 약속과 의로움, 새 하늘과 새 땅의 실현에 있습니다. 이 약속을 실현하러 오시는 주님을 기대와 설렘, 희망으로 맞이하라는 것이 메시지의 핵심입니다.

또한 대림 시기는 우리가 '파견된 존재'임을 일깨워 줍니다.

우리는 무엇을 위해 파견되었나요? 우리도 세례자 요한처럼 주님이 곧 오시리라는 희망, 주님이 하신 약속이 반드시 이루어지리라는 희망, 새 하늘과 새 땅에 대한 희망을 선포하라고 파견되었습니다. 사람들이 이러한 기대와 희망으로 주님을 기다리며 살아가게 준비시키도록 파견되었습니다.

요한은 희망을 증언하였습니다. 우리 역시 희망을 전하도록 파견되었습니다. 특별히 주님의 오심을 준비하도록 양 떼를 돌보고 봉사하라고 파견되었습니다.

사람들에게 진정한 희망을 전할 수 있는 이는 좌절과 절망을 경험하고도 그것을 넘어 믿음으로 희망을 발견한 사람일 것입니다. 성 요한 바오로 2세 교황님은 청년들에게 이렇게 말씀하셨습니다. "여러분의 미래를 좌절과 절망이 아닌 희망 위에 지으십시오!" 우리는 우리의 미래를 어디에 세우고 있습니까? 우리 시대 희망의 표지는 무엇일까요?

주님께서 오실 것입니다. 용서와 자비로써 모든 것을 새롭게 창조하러 오실 것입니다. 그것을 믿는 우리는 아직 끝나지 않았다고 말할 수 있어야 하겠습니다. 용서받은 기쁨, 새로 시작하는 기쁨을 전할 수 있어야 하겠습니다.

그러기 위해서는 오늘도 영적 싸움에 임해야 합니다. 절망과 무기력함, 의기소침에 굴하지 말고 다시 일어섭시다. 설렘과 기대, 희망으로 말입니다. 이를 위해 주님께 용기를 청합시다. 그럴 때 사람들도 우리 목소리를 듣고 확신에 차 희망을 꿈꿀 수 있을 것입니다.

다시 찾는 나

삶에서 누군가와의 만남은 매우 중요합니다. 특히 내가 누구인지를 알게 하는 결정적인 분을 만났을 때 우리 삶은 새롭게 변화할 것입니다.

그리스도교 신앙은 나를 새롭게 이해하는 길로 인도합니다. 나는 누구인가? 어디서 와서 어디로 가는가? 고리타분한 질문인 것 같지만, 삶에서 가장 중요한 문제이기도 합니다. 자칫 어디로 가는지조차 모르는 채로 잘못 가고 있을 수도 있기 때문입니다.

그리스도교 신앙에서 모든 것은 예수님과의 만남으로 시작됩니다. 복음서는 그 만남이 어떻게 준비되었는지, 그리고 그 만남이 각자의 삶에서 어떻게 이루어지는지 보여 줍니다.

"광야에서 외치는 이의 소리. '너희는 주님의 길을 마련하여라. 그분의 길을 곧게 내어라. 골짜기는 모두 메워지고 산과 언덕은 모두 낮아져라. 굽은 데는 곧아지고 거친 길은 평탄하게 되어라. 그리하여 모든 사람이 하느님의 구원을 보리라.'"(루카 3,4-6).

요한은 바로 말씀이신 '그분'의 오심을 준비하는 사람이었습니다. '그분'이 누구신지 굳이 설명하지 않는 것은 너무나 명백하기 때문일 것입니다. 나에게 있어 '그분'은 누구신가요? 우리가 오시기를 고대하는 그분, 대림 시기 동안 깨어 기다리는 그분, 나에게 그분은 누구십니까?

세례자 요한에게, 그분은 자신이 어떤 존재인지 밝혀 주신 분이었습니다. "광야에서 외치는 이의 소리"(루카 3,4)인 요한은, 그분께서 오시기도 전에 이미 그분이 이루실 구원 계획에 포함되어 있었습니다.

나는 누구인가? 그분은 과연 나를 어떤 존재로 밝혀 주실 것인가? 대림 시기는 우리가 그 구원으로 들어설 채비를 하는 때입니다. 그러기 위해 삶의 길을 곧게 낼 필요가 있습니다.

"골짜기는 모두 메워지고 산과 언덕은 모두 낮아져라. 굽은 데는 곧아지고 거친 길은 평탄하게 되어라."(루카 3,5).

우리 삶을 돌아봅시다. 우리 삶의 골짜기는 무엇이고 산과 언덕은 무엇이며 굽은 데는 무엇이고 거친 길은 무엇입니까?

인간이 무엇이기에

"이 작은 이들 가운데 하나라도 잃어버리는 것은 하늘에 계신 너희 아버지의 뜻이 아니다."(마태 18,14).

예수님께서는 가장 작은 이들을 찾으러 오셨습니다. 복음서에 나오는 작은 이들은 인간 대접을 받지 못하고, 모든 인간이 지닌 고귀함과 품위, 존엄을 잃고 사는 이들입니다. 예수님께서는 어린이처럼 자신을 낮추는 이가 하늘 나라에서 가장 큰 사람이라고 하십니다. 어린이 하나를 당신 이름으로 받아들이면 당신을 받아들이는 것이라고 덧붙이십니다(마태 18,4-5 참조).

두 말씀을 종합하면, 예수님께서는 우리가 인간의 존엄함, 특히 가장 작은 이가 지닌 존엄에 눈을 뜨도록 일깨우고 계심을 깨닫게 됩니다. 또한 예수님은 우리가 남을 섬기는 가난하고 겸손한 이가 되기를 바라고 계십니다. 예수님께서는 가난한 우리를 바라시며, 그런 우리를 돌보시는 분입니다.

성탄은 하느님께서 인간을 어떻게 대하시는지 드러나는 신비입니다. "인간이 무엇이기에 이토록 기억해 주십니까? 사람이 무엇이기에 이토록 돌보아 주십니까?"(시편 8,5). 성탄은 이 말씀을 뛰어넘는 신비를 이야기합니다. 돌보시기만 하는 것이 아니라, 하느님께서 몸소 인간이 되시어 우리와 하나 되어 사신 신비입니다. 그리고 그 신비 안으로 들어오도록 우리를 초대합니다.

성탄을 맞이하기 위해 가난하고 겸손한 마음을 청합시다. 서로가 서로를 고귀한 존재로 대하며 그 고귀함과 존엄함을 일깨우고 보호하는 우리가 되기를, 그런 공동체로 성장하기를 청합시다.

무엇보다 우리 자신을 부정적으로 바라보지 맙시다. 내가 나를 주님의 눈으로, 희망으로 바라볼 때 새로운 시작이 가능할 것입니다. 우리는 가장 미소한 존재였지만, 주님의 오심으로 가장 소중한 존재가 되었습니다. 우리가 태어난 마을, 우리가 태어나 자란 가정은 결코 하찮은 곳이 아닙니다. 주님께서 영원한 생명의 씨앗을 뿌리신 곳이기 때문입니다. 주님께서 우리 삶의 베들레헴을 당신께서 오실 구원의 땅으로 만드시도록 우리는 어떤 준비를 해야 할까요?

왜 믿지 않는가

"이 세대를 무엇에 비기랴?"(마태 11,16).

요한의 말도 당신의 말씀도 듣지 않고 믿지 않으려는 유다인을 향해 예수님께서 하신 말씀입니다.

"그러나 사람의 아들이 올 때에 이 세상에서 믿음을 찾아볼 수 있겠느냐?"(루카 18,8).

예수님의 이 말씀들은 당시만이 아닌 우리 시대를 향한 것입니다. 예수님께서는 특별히 대림 시기를 지내는 우리 각자의 믿음에 대해 숙고하도록 우리를 초대하십니다.

함께 김장을 하던 자리에서 한 형제님이 이런 말씀을 하신 적이 있습니다. "왜 안 되는 사람은 아무리 애를 써도 안 되고, 잘되는 사람은 그냥 잘되는 건가요?" 이는 하느님께서 정의로우신 분이 아닌 것처럼 느껴지기 때문일 것입니다. 혹은 응답하시지 않는 하느님이 과연 계시는지 의구심이 들기도 하지요.

저는 그 말씀이 믿음의 어려움을 겪는 우리의 현주소를 말해 주는 것이 아닐까 생각했습니다. 왜 믿기 어려운가? 여러 이유가 있겠지만 본질에서는 똑같습니다. 바로 마음을 열고 신뢰하기가 쉽지 않은 것입니다. 이 삶이 살 만한 가치가 있고 의미가 있다고, 내일이 오늘보다 더 희망적이라고 어떤 이유에서든 믿지 못하는 것입니다.

그런데 믿음을 고백하는 우리 역시 매일매일 그 기로에 서 있습니다. 믿음과 불신앙, 희망과 절망, 사랑과 원한 사이에서 갈등합니다. 결국 마음을 열고 신뢰를 두지 못하는 우리 자신이 문제인 것입니다. 그리고 이는 모든 사람이 겪는 문제이기도 합니다. 성경의 인물들, 그리스도인들, 믿는다는 이나 믿지 못한다는 이나 예외가 없습니다.

우리 삶은 언제나 신앙과 불신앙의 끊임없는 싸움입니다. 우리의 믿음은 불신앙의 극복입니다. 결국은 믿음이 승리할 것입니다. 불신앙과 회의 속에서 살 수 없기 때문입니다. 물론 그것은 우리 각자가 걸어야 할 긴 시간을 요하는 여정입니다. 그렇다면 우리에게 요구되는 것은 용기와 인내, 항구함이 아닐까요. 비록 지금 힘들더라도, 회의와 절망, 의기소침과 어두움이 우리 마음에 머물지라도, 인내롭게 걷다 보면 결국 믿음과 희망이 새롭게 솟아나는 것을 발견할 것입니다.

이러한 믿음의 시련 속에서 잊지 말아야 할 것은 우리가 지금 길을 걷고 있다는 것, 비록 시련과 위기로 잠시 잊었을 뿐 주님과 교회 공동체가 나와 동반하고 있다는 사실입니다. 시련 속에서는 종종 이 사실을 잊기에, 우리가 서로에게 일깨워 주어야 할 내용이기도 합니다.

주님께서 나에게 주신 이 소중한 삶은 우리가 겪는 모든 것을 포함합니다. 실패와 좌절, 절망과 죽음까지도 삶에 포함된다는 것을 깨달을 때, 오늘 우리의 삶은 더욱 풍요롭고 우리는 더욱 용기를 낼 수 있을 것이며 더욱 의미 있게 살아갈 수 있을 것입니다.

대림 시기, 우리 삶에 주어진 모든 것을 아우르고 품어 안는 시간이 되기를 청합시다. 그것이 탄생하시는 주님을 우리 마음에 모시기 위한 준비가 될 것입니다.

벗어 버림

지금까지 대림 시기를 '기대와 설렘, 희망'으로 맞이하자고 제안해 왔습니다. 기다리고 설레는 마음, 기대하는 마음 이 모두는 삶에 활력을 주는 희망의 표지입니다. 예수님 시대에 많은 사람들이 엘리야 예언자를 기다렸다는 사실은 바로 그들에게 희망이 필요했음을 의미합니다.

"엘리야 예언자가 불처럼 일어섰는데 그의 말은 횃불처럼 타올랐다. 당신을 본 사람들과 사랑 안에서 잠든 사람들은 행복합니다. 우리도 반드시 살아날 것입니다."(집회 48,1.11).

예수님께서 세례자 요한을 두고 말씀하십니다. "과연 엘리야가 와서 모든 것을 바로잡을 것이다."(마태 17,11).

요한은 무엇을 어떻게 바로잡았을까요? 세례자 요한은 당시 사람들에게 어떤 희망을 꿈꾸게 하였을까요?

그는 '죄의 용서를 위한 회개의 세례'를 선포하였습니다. 예수님의 오심을 준비시키기 위한 것입니다. 요한은 회개와 세례, 죄의 용서에서 희망의 길을 발견하였던 것입니다. 사람들이 기대와 설렘, 희망을 가질 수 있도록 말이죠. 하느님의 용서만이 주님의 진노의 날을 희망으로 바꿀 수 있기에, 자기 자신을 돌아보고 죄를 뉘우치는 준비가 필요합니다.

우리 시대에도 여전히 희망이 필요합니다. 그 희망은 자기 자신을 돌아보는 데서 시작될 것입니다. 주님의 오심은 나를 위한 발걸음이기 때문입니다.

겨울, 흰 눈이 온 세상 만물을 하얗게 덮을 수 있는 것은 자기를 낮추어 내려왔기 때문이듯, 우리도 주님 은총을 맞이하기 위해 자신을 버리고 낮추어 주님께서 오실 자리를 마련할 수 있기를 바랍니다. 자기 안에 갇히지 말고, 움츠러든 어깨를 펴고, 고개를 들고, 자기 밖으로 나가기를 바랍니다. 진정한 온기와 따스함, 성탄의 훈훈함은 역설적으로 그렇게 자기를 비우고 참된 자신의 중심으로 돌아오는 데서 시작할 것입니다. 거기 주님이 기다리고 계시기 때문입니다.

세례자 요한도 이미 우리 가운데 계신 분, 그러나 자기 뒤에 오실 분을 예고합니다. 이미 우리 가운데 계시는 분, 그리고 오실 분을 우리는 어떤 마음, 어떤 몸가짐으로 기다리고 있나요?

나를 돌아볼 때

복음서에 나오는 세례자 요한 이야기는 오시는 구세주를 맞이하기 위해서는 준비가 필요하다는 것을 일깨워 줍니다. 이는 하느님과 구원에 대한 신화적인 생각, 마술과 같은 생각을 지워 버립니다. 나아가 그리스도교 진리가 인간의 근본적인 진리에 맞닿아 있음을 의미합니다.

구원은 마술과 같이 이루어지는 것이 아닙니다. 인간 편에서 준비와 결단, 회개로 응답해야 합니다. 다시 말해 우리의 눈을 인간의 삶을 향해 돌려야 한다는 의미입니다.

사제는 판공성사 중에 신자들의 죄의 고백을 통해 복잡한 세상사, 세상 걱정과 근심, 내적 갈등과 상처, 아픔과 무거운 짐에 대해 듣습니다. 모두 한줄기로 모아집니다. 바로 '인생'입니다. 신자들의 고백은 죄의 고백만이 아닌 인생 고백입니다. 자신의 인생에 대한 이야기입니다. 그리고 고백을 듣는 사제의 이야기이기도 합니다.

성탄을 위한 준비는 바로 그 인생에서 시작되어야 하지 않을까요? 나는 어디에 있는가? 어디서 왔으며 어디로 가고 있는가? 하느님은 어디에 계시며 나를 어디로 이끄시는가? 주님께서는 바로 나의 인생 한가운데로 오시어 나와 함께 계시며 나를 이끌어 주시기 위해서 오십니다.

대림 시기는 그 어느 때보다 나의 영혼을 돌아보고 나의 삶을 돌볼 때입니다. 그동안 나는 나의 영혼을 어떻게 대하였나요? 나의 내면의 삶을 어떻게 가꾸었나요?

하느님의 말씀을 듣기 위해 가던 길을 멈추고, 소음 너머 평온한 나 자신의 중심으로 돌아갑시다. 고독과 침묵 속에 잠겨 봅시다. 사랑으로 오시는 그분을 맞이하기 위해, 나를 향한 그분의 사랑에 마음의 문을 열어 드립시다. '과연 내 안에서 주님의 오심을 향한, 그분의 사랑을 향한 간절한 갈망을 느끼고 있는가?'라는 진실한 질문을 스스로에게 던져 봅시다.

오늘, 나를 위한 질문

1. 주님의 다시 오심을 기다리는 나의 신앙은 어디쯤 와 있나요?
2. 나는 '벗어 버림'을 어떻게 실천하며 살고 있나요?

• 대림 제3주일 •

뜻밖의 방문들

기쁨의 메시지

대림 제3주일 전례는 우리에게 기쁨의 메시지를 전해 줍니다. 그렇다면 무엇이 기쁠까요?

입당송에서 주님이 가까이 오셨다고 선포합니다. '기뻐하여라. 거듭 말하니, 주님 안에서 늘 기뻐하여라. 주님이 가까이 오셨다.'(필리 4,4-5 참조). 이사야서에서는 주님의 영광, 하느님의 영화, 주님이 구원하러 오시니, 병든 이들이 낫고 얽매인 이들이 해방될 거라 예고합니다(35,1-6ㄴ.10 참조). 복음서에서는 예수님의 하느님 나라 선포로, 구약의 예언이 성취되었습니다(마태 11,2-11 참조). 야고보 서간에서는 인내와 기다리는 마음, 고난과 끈기로 재림을 기다리자고 독려합니다(5,7-10 참조).

나에게 하느님 나라란, 주님의 오심이란 어떤 것인가요? 내 삶에 열린 하늘이란 어떤 것이며, 내 삶에 하늘이 어떻게 열리나요? 복음서에서는 눈먼 이들이 보고 다리 저는 이들이 제대로 걸으며, 나병 환자들이 깨끗해지고 귀먹은 이들이 들으며 죽은 이들이 되살아나고 가난한 이들이 복음을 듣는다고 합니다.

이 해방의 말씀이 나의 이야기로 들리나요? 그보다는 "너희는 무엇을 구경하러 광야에 나갔더냐? 바람에 흔들리는 갈대냐?"(루카 7,24) 하신 예수님의 말씀이 우리의 이야기는 아닐까요? 하느님께서 이미 우리를 방문하셨는데, 우리 마음은 흔들리는 갈대처럼 여전히 갈피를 잡지 못하니 말입니다.

대림과 성탄은 하느님께서 우리의 역사 안에 들어오셨음을 묵상하는 시기입니다. 우리 삶, 우리의 역사가 다양한 의미로 충만하도록, 내 삶에 열린 하늘을 찾도록, 내 삶에 울려 퍼지는 하느님의 부르심을 듣고 내가 자유로운 응답을 하도록 하기 위해서입니다.

때때로 우리는 헛헛함을 느끼며 무엇을 어떻게 준비해야 할지 모르기도 합니다. 그럴 때는 대림과 성탄 시기 전례에서 듣게 되는 다양한 방문 이야기를 읽어 봅시다. 대림과 성탄 시기에 봉독되는 말씀들은 뜻밖의 방문으로 가득 차 있습니다. 가브리엘 천사의 방문, 마리아의 엘리사벳 방문, 동방 박사의 방문, 목자의 방문…. 이런 방문들은 모두 '뜻밖'이었습니다. 그래서 놀라움으로 가득 차 있습니다. 우리 마음에는 뜻밖의 방문을 맞이할 여유가 있나요? 우리는 놀랄 준비가 되어 있습니까?

"손님 접대를 소홀히 하지 마십시오. 손님 접대를 하다가 어떤 이들은 모르는 사이에 천사들을 접대하기도 하였습니다."
(히브 13,2). 우리가 일상의 사건과 만남을 소홀히 하지 말아야 하는 이유입니다.

하느님께서는 일상의 구체적인 만남들과 사람들이 서로에게 건네는 말과 몸짓, 침묵으로 우리 마음의 문을 두드리십니다. 일상을 새로운 눈으로 바라보도록 초대하십니다. 그분은 이웃, 일상의 소명, 내가 있는 자리를 아주 조용히, 조심스럽게 찾아오시기에 민감한 감수성으로 맞이하지 않으면 그냥 지나칠 수도 있습니다.

완벽하게 준비되어 있지 않아도 괜찮으니 그분의 뜻밖의 방문을 알아차리고 맞이할 수 있도록 깨어 있으면 어떨까요? 언제든 찾아오시는 그분께 있는 그대로 응할 수 있는 마음의 자세를 청해 봅니다.

하느님의 기쁨인 우리

대림 제3주일에 읽는 하느님 말씀은 우리를 기쁨과 희망으로 가득 채워 줍니다. 놀라운 점이 있다면, 기쁨의 주체가 하느님이시라는 것입니다. "그분께서 너를 두고 기뻐하며 즐거워하신다."(스바 3,17). 이 얼마나 놀라운 일인가요? 누구보다 스스로에게 좌절하고 실망하는 우리들 아닙니까? 그런 부족한 우리를 주님께서 기쁨으로 받아 주시다니, 이보다 더 큰 기쁜 소식이 어디 있을까요?

바오로 사도는 필리피 신자들에게 서간을 보내 주님의 날이 가까이 왔음을 알리며, 아무 걱정 말고 주님 안에서 기뻐하라고 거듭 말합니다. 깨어 기다리고 준비하는 사람이 되라고 합니다. 주님의 날과 상관없이 사는 사람에게 그날은 두려움과 공포로 다가오겠지만, 주님의 오심을 깨어 준비하는 이에게 심판의 날은 기쁨과 희망의 대상일 것이기 때문입니다.

루카 복음사가도 세례자 요한의 설교 내용이 '기쁜 소식'임을 잊지 않았습니다. 심판의 날이 오히려 기쁜 소식이 되는 이유는 그것을 미리 알고 준비할 수 있는 기회가 아직 있기 때문일 것입니다.

"그러면 저희가 어떻게 해야 합니까?"(루카 3,10). 각계각층의 사람들이 심판의 날을 어떻게 준비할 것인지 묻는 물음에, 세례자 요한은 그동안 저지른 잘못에 대한 반성에만 머무르지 말고, 더 근본적인 차원에서 회개할 것을 권고합니다.

"옷을 두 벌 가진 사람은 못 가진 이에게 나누어 주어라. 먹을 것을 가진 사람도 그렇게 하여라." "정해진 것보다 더 요구하지 마라." "아무도 강탈하거나 갈취하지 말고 너희 봉급으로 만족하여라."(루카 3,11-14).

세례자 요한의 이 권고는 이러저러한 계명을 지켰는가, 지키지 못했는가 하는 형식적 회개의 차원에만 머물지 않습니다. 더 근본적인 차원에서 자신을 돌아보기를, 이웃과 삶에 대한 자신의 태도를 돌아보기를 권고하고 있습니다. 우리는 우리에게 주어진 모든 것, 생명과 가족과 이웃을 어떻게 대하였던가요?

심판에 관한 세례자 요한의 설교가 기쁜 소식인 또 하나의 이유는, 심판의 날에 불의와 강제, 폭력과 억압으로 얼룩진 이 세상에 정의와 평화가 바로 세워지리라는 희망의 메시지를 선포했기 때문입니다. 그렇습니다. 심판은 기쁜 소식입니다. 하느님께서는 죄와 악, 불의와 부조리가 이 세상과 당신 자녀를 지배하기를 바라지 않으십니다.

주님의 날이 기쁜 소식이 되기 위해서는 성탄을 준비하는 우리 역시 하느님 아버지처럼 우리 안의 죄와 악을 미워하고, 불의와 부조리의 씨앗을 주님께서 친히 태워 버리실 수 있도록 자신을 내어 드려야 하지 않을까요? 탐욕과 두려움이 아닌 용서와 자비, 사랑과 평화가 우리 삶을 다스릴 수 있도록 말입니다. 그럴 수 있다면, 이번 성탄에는 우리를 두고 기뻐하시는 주님의 마음을 아기 예수님에게서 더욱 잘 알아볼 수 있을 것입니다.

오늘, 나를 위한 질문

1. 나는 일상에 오시는 주님을 맞이할 준비가 되어 있나요?
2. 성탄은 나에게 기쁨의 메시지로 다가오나요?

• 대림 제3주간 •

거슬러 올라가는 발걸음

하느님의 자기 낮춤

"당신은 무슨 권한으로 이런 일을 하는 것이오?"(마태 21,23). 수석 사제들과 백성의 원로들이 던진 이 질문은, 예수님께서 성전을 정화하시고 가르침을 베푸시는 권한에 대한 이의 제기였습니다.

이 질문은 일견 정당해 보입니다. 그 권한이 어디서 오느냐에 따라 성전을 정화하시고 성전에서 가르치시는 예수님의 행위가 정당성을 부여받을 것이기 때문입니다. 그러나 문제는 그들 안에 가로놓여 있던 벽이었습니다. 그들은 나자렛 출신 예수님을 메시아로 받아들일 수 없었고, 그렇기에 예수님께 그러한 권한이 있을 수 없다고 생각했던 것입니다. 그들이 갖고 있던 메시아에 대한 관점과 예수님에 대한 선입견이 그들의 눈과 마음을 닫아 버린 것입니다. 더욱이 그들은 복잡한 정치 · 종교적 상황에서 여러 이해관계에 얽혀 있었기에 올바른 판단을 내릴 수 없었습니다.

제자들의 생각 역시 크게 다르지 않았습니다. 그들도 예수님에게서 이스라엘을 로마로부터 해방할 정치적 혁명가를 기대하였습니다. 십자가에 못 박히신 스승의 참담한 모습에서 메시아를 발견하기까지는 긴 시간이 필요했고, 내적인 변화의 길을 걸어야 했습니다. 제자들은 성령 강림을 전후로 회개와 정화의 과정을 거치며, 구약에서 예언된 참된 메시아는 주님의 고난받는 종으로서, 우리 죄를 대신해 목숨을 내어놓으시는 분임을 깨달았습니다. 스승께서 주님의 고난받는 종이셨음을 나중에야 발견하였던 것입니다. 그들은 예수님을 가장 미소한 이, 가난하고 보잘것없는 이, 병들고 소외된 이, 외로움 속에 쓸쓸히 죽어 가는 이들과 자신을 동일시하는 분으로 새롭게 발견하였습니다. 그 사랑의 절정인 죽음과 부활을 통해 예수님께서 죄악과 죽음을 이기셨음을 깨달았습니다. 이러한 깨달음이 인간이 되어 오신 예수님을 하느님의 아드님으로 고백하도록 하였습니다.

이러한 사실은 성탄을 기다리는 우리에게 중요한 것을 시사합니다. 성탄은 하느님께서 인간을 찾아오셨다는 의미를 넘어 인간을 구원하시기 위해 자신을 낮추시어 몸소 인간이 되셨음을 기억하는 축제입니다. 그러한 하느님의 '자기 낮춤'인 성탄의 신비 안으로 들어가기 위해서는 내적인 정화와 회개가 필요합니다. 우리는 어떤 구세주를 희망하며 기다리고 있습니까? 연약하고 온갖 위험에 노출된 갓난아기, 궁궐이 아닌 마구간의 구유에 누운 아기에게서 인류의 구세주, 우리 주님을 발견할 수 있나요? 주님을 알아보고 기뻐 춤을 추기 위해 우리에게 어떤 변화와 어떤 결단이 필요할까요?

우리가 큰 기쁨으로 성탄을 맞이하고, 구유 앞에서 온 마음이 담긴 삶의 예물을 드리기 위해, 매일 우리에게 일어나는 많은 일들 안에서 인간적인 욕심을 내려놓고 더 낮추고 더 비우며 주님께 모든 것을 맡겨 드릴 수 있는 믿음을 배우는 대림 시기가 되기를 기도드립니다.

아버지의 뜻

"이 둘 가운데 누가 아버지의 뜻을 실천하였느냐?"(마태 21,31). 예수님의 이 질문은 '우리를 부르시는 아버지께 우리는 어떤 응답을 드리는가?'라는 질문으로 되돌아옵니다.

신앙은 하느님께 드리는 우리의 응답입니다. 우리의 응답 여하에 따라 우리의 삶이 결정됩니다. 우리가 '예!'라고 긍정하는 것과 '아니요.'라고 부정하는 것은 우리 삶에서 서로 다른 결말을 가져옵니다. 중요한 것은 우리를 향한 아버지의 뜻과 부르심을 알아듣고 나의 생각과 마음, 말과 행동을 통해 그분께 응답하는 것입니다.

예수님의 비유 말씀은 우리가 아버지의 뜻에 말로만이 아닌 행동으로, 온 삶으로 '예!'라는 긍정의 답을 드리도록 촉구합니다. 아버지의 뜻은 이미 정해져 있어 우리에게 의무로 부과되는 것이 아닙니다. 아버지께서는 우리와 인격적이고 온전히 자유로우며 친밀한 관계를 맺기를 바라시기에, 답을 강요하거나 정해진 답을 요구하지 않으십니다. 그분은 우리가 당신의 뜻을 찾고 그분 뜻에 온전한 자유, 온 마음으로 응답하기를 바라십니다.

우리는 그 예를 루카 복음서에 나오는 가브리엘 천사의 방문을 받은 마리아에게서 발견합니다(루카 1,26-38 참조). 마리아가 하느님의 크신 계획에 드린 '예!'라는 긍정은 의무로 부과된 아버지의 뜻에 대한 맹목적인 순종이 아니었습니다. 온 마음이 담긴 긍정의 응답을 드리기까지 마리아는 고심했고 의구심을 지니기도 했으며, 어둠과 모호함의 시간을 거쳐야 했습니다. 마리아의 '예!'라는 긍정의 응답은 우리가 따라야 할 신앙의 모범이 되었습니다.

우리 각자의 구원 역사도 마찬가지입니다. 하느님께서는 우리 각자를 위한 구원의 역사를 계획하고 계십니다. 그리고 매일의 삶에서 우리를 방문하시며 우리와 함께 그 역사를 쓰고자 하십니다. 우리가 아버지의 계획과 뜻을 찾고, 온 마음이 담긴 긍정의 응답을 드리기를 기다리고 계십니다.

그렇다면 우리를 향한 하느님의 뜻이란 어떤 것일까요? 예수님의 비유 말씀에 따르면 아버지의 포도밭에 가서 일하는 것입니다. 우리는 모두 아버지의 포도밭에서 일하도록 초대를 받은 자녀들입니다. 포도밭 일이란 우리의 삶으로 구원의 기쁜 소식을 이웃에게 전하는 일이며 복음의 열매를 거두는 일입니다. 우리가 신앙생활을 하는 이유는 단순히 자신의 영혼 구원만을 위해서가 아닙니다. 구원의 기쁜 소식, 하느님과 함께 살아가는 구원의 기쁨을 이웃에게 전하는 것이며, 그 기쁨의 삶으로 이웃을 초대하는 것입니다.

우리는 이러한 아버지의 초대를 어떻게 받아들이고 있습니까? 우리의 삶은 저마다 매우 구체적이고 독특합니다. 대인 관계 역시 매우 다양합니다. 하느님께서는 그렇게 다양하고 구체적인 삶, 그 안에서 일어나는 사건들을 통해 우리를 당신의 포도밭으로 불러 주십니다. 우리가 매일 만나는 사람들이 바로 우리가 복음을 전해야 할 사람들입니다.

대림 시기는 우리의 순종이 진정 자발적인 것이 되도록 우리 자신을 바라보며 주님의 뜻을 헤아리는 시기입니다. 종교 지도자들보다 세리와 창녀들이 먼저 하늘 나라를 받아들인 것처럼 우리도 자발적이고 겸손한 마음으로 주님을 맞이할 준비를 하기를 바라고 기도합시다.

영적 식별

"오실 분이 선생님이십니까? 아니면 저희가 다른 분을 기다려야 합니까?"(루카 7,19).

감옥에 있던 세례자 요한이 자기 제자들을 예수님께 보내 이와 같은 질문을 던집니다. 이런 그의 모습은 그가 '찾는 사람', 모색하고 식별하는 사람이었음을 말해 줍니다. 하느님의 계획은 우리가 처한 상황과 관계없이 천편일률적으로 정해진 어떤 것이 아닙니다. 의무라서 우리의 생각과 의지, 마음과는 상관없이 그저 따라야만 되는 것도 아닙니다. 우리를 향한 하느님의 뜻은 모호하고 애매한 인간 역사, 시련으로 가득 찬 인간 삶에서 우리가 스스로 찾고 모색하며 하느님께 귀를 기울여야만 발견할 수 있는 것입니다.

예수님의 제자들이 걸었던 신앙의 여정 또한 불확실하고 모호한 현실 속에서 찾고 궁리하며 모색하는 길이었습니다. 우리와 너무나 똑같은 인간적 삶을 사신 주님, 심지어 십자가에 못 박혀 처참한 모습으로 돌아가신 분에게서 메시아를 발견하는 것은 자동적으로 이루어지는 것이 아닙니다. 긴 시간 식별의 과정을 통해 무르익는 신앙의 여정인 것입니다. 식별이란, 바오로 사도가 코린토 신자들에게 보낸 첫째 서간에서 말씀하신 것처럼, 예수님의 십자가에서 하느님의 힘과 지혜를 알아보는 것입니다.

"그러나 우리는 십자가에 못 박히신 그리스도를 선포합니다. 그리스도는 유다인들에게는 걸림돌이고 다른 민족에게는 어리석음입니다. 그렇지만 유다인이든 그리스인이든 부르심을 받은 이들에게 그리스도는 하느님의 힘이시며 하느님의 지혜이십니다."(1코린 1,23-24).

대림을 지내는 우리 역시 같은 영적 식별의 여정으로 초대

되었습니다. 우리는 메시아를 기다리고 있습니다. 우리가 기다리는 메시아는 어떤 분이십니까? 어떤 희망을 갖고 그분의 오심을 준비해야 할까요?

"요한에게 가서 너희가 보고 들은 것을 전하여라."(루카 7,22). 예수님께서 세례자 요한의 제자들에게 전하라고 하신 내용은 단순히 신기하고 놀라운 치유나 기적이 아닌, 새로운 시대 곧 하느님 나라의 도래이며, 하느님 아버지의 권능이 다스리는 세상입니다. 구약에서 예언되고 예수님을 통해 실현된 메시아의 사명은 하느님 나라를 선포하고 실현하는 것입니다.

메시아이신 그분은 헝클어진 창조 질서를 회복시키시는 분, 어둠과 죽음의 그늘에 있는 이들의 생명을 되찾아 주시는 분입니다. 하느님의 모상대로 창조된 인간의 존엄과 고귀함을 회복시키시는 그분은 특히 가난하고 버림받은 이들, 고통받고 소외된 이들, 마땅히 받아야 할 인간 대접을 받지 못하고 갖가지 불의와 폭력에 짓눌리는 이들 편에 서서 그들의 존엄과 권리를 되찾아 주시는 분입니다.

주님의 다시 오심을 깨어 준비하는 대림 시기에 기억해야 할 것은, 하느님께서는 늘 인간의 기대와 기다림의 폭을 훨씬 뛰어넘으시는 분이라는 사실입니다. 우리의 요구나 기대에 늘 놀라운 방법으로 응답하십니다. 우리가 상상했던 것보다 훨씬 큰 은혜를 베푸십니다. 그 방법 또한 우리의 기대를 넘어섭니다. 때로는 우리의 기대와 정반대의 현실을 통해서 은혜를 베푸시기도 합니다. 때로는 우리를 치시기도 하며, 우리의 꿈을 산산조각 내시기도 합니다. 그것은 우리의 희망을 없애시기 위해서가 아니라, 우리가 더 큰 것을 얻도록 우리의 내면을 더욱 성장시키시기 위해서일 것입니다. 우리가 하느님과 타인에게 자신을 열고 늘 새롭게 다가오는 내일을 놀라움과 경탄으로 바라보도록 이끄시기 위해서입니다.

우리의 청원이 받아들여지지 않을 때, 때로는 모든 것을 내려놓고 포기하고 싶을 때, 그때가 우리에겐 오히려 더없이 좋은 기회일 수 있습니다. 더욱 나를 비우고 더 큰 나로 성장하는 길이 열리기 때문입니다. 하느님의 언어인 침묵과 더욱 친숙해지고, 하느님 뜻의 신비 안으로 더 깊이 들어가는 대림 시기가 되기를 기도합시다.

구원의 역사를 거슬러 올라가는 발걸음

대림과 성탄은 구원의 역사를 거슬러 따라 올라가는 발걸음입니다. 복음서는 예수님의 탄생에서 시작하지만, 실제로 복음서를 쓰게 된 출발점은 부활이었습니다. 제자들은 부활의 빛으로 예수님의 전 생애를 다시 돌아보며 그분께서 하신 말씀과 이루신 일이 어떤 것인지 새롭게 발견하였으며, 이러한 발견은 이 모든 구원 역사가 어떻게 시작되었는지 거슬러 올라가 탐구하도록 하였습니다.

가장 먼저 쓰인 마르코 복음서가 예수님의 공생활 시작까지 거슬러 올라갔다면, 마태오와 루카 복음서는 예수님의 유년 시절과 탄생 경로뿐 아니라 족보까지 언급하고 있습니다. 그리고 가장 늦게 쓰인 요한 복음서는 태초까지 거슬러 올라갑니다. "한처음에 말씀이 계셨다."(요한 1,1).

시간이 지날수록 교회 공동체는 예수님에 관해 더 깊이 알아 갔습니다. 그리고 예수님을, 단순히 하느님께서 보내신 분으로가 아닌 몸소 인간이 되어 우리와 함께 사신 참하느님으로 고백하게 되었습니다. 이 고백에는 구원에 대한 이해가 담겨 있습니다. 구원은 단순히 우리를 지상에서 천상으로 끌어올려 주는 것이 아니라, 하느님께서 몸소 인간이 되어 오신 '육화 Incarnatio'의 신비이며, 그로써 우리가 그분의 신성에 참여하여 하느님처럼 되어 가는 역사인 것입니다. 교회는 전통적으로 이를 '신화神化(Deificatio)' 곧 '하느님처럼 되어 감'이라고 합니다.

그리고 이러한 고백의 근거는 예수님께서 지상 여정 동안 실제로 하신 일에서 드러납니다.

"그러나 나에게는 요한의 증언보다 더 큰 증언이 있다. 아버지께서 나에게 완수하도록 맡기신 일들이다. 그래서 내가 하고 있는 일들이 나를 위하여 증언한다. 아버지께서 나를 보내셨다는 것이다."(요한 5,36).

예수님께서 하신 일들은 과연 무엇일까요? 그것은 가장 가난하고 소외된 이, 보잘것없는 이와 당신을 동일시하신 것입니다. 예수님께서는 그들의 이웃이 되시어 그들의 운명을 당신 것으로 삼으시고, 그들이 걸어야 할 길을 몸소 걸으셨습니다. 그것은 하느님의 아드님께서 인간과 하나 되심의 신비이면서 우리가 그분의 신성에 참여하여 하느님의 자녀로 살아가는 구원의 신비이기도 합니다. 하느님께서 몸소 인간이 되어 사시며 인성을 신성에 일치시키셨기에, 이제 모든 이에게 구원의 길이 열렸습니다. 이제 우리 각자의 삶은 구원으로 가기 위한 출발점이 되었습니다. 바로 거기서 주님께서 우리와 함께 위대하고 찬란한 구원 역사를 실현하실 것입니다.

대림과 성탄은 하느님께서 우리를 찾아오신 길을 거슬러 좇아 올라가는 여정입니다. 그것은 인류 구원을 위해 마련하신 하느님의 놀라운 구원 계획을 발견해 가는 기쁨의 여정이기도 합니다. 그리고 우리 각자의 삶이 바로 그 구원 계획이 실현되는 장임을 발견하는 여정입니다. 그리고 그 여정은 바로 지금 여기서부터 시작합니다.

우리는 종종 자기 삶이 너무 평범하고 보잘것없어서, 구원과는 무관하다고 생각합니다. 구원이란 좀 더 고상하고 거룩하며 특별한 곳에서 시작된다고 생각합니다. 그것은 예수님께서 베들레헴의 마구간에서 태어나셨음을 망각하는 것입니다. 인류의 구세주께서는 가장 비천하고 나약한 인간 삶에 오셔서, 그 삶을 당신 것으로 하셨습니다. 이제 고개를 들고 우리 삶을 새롭게 바라봅니다. 우리 삶은 주님의 육화와 성탄이 이루어지는 구원 역사의 생생한 장입니다.

> 오늘, 나를 위한 질문

1. 나는 하느님의 뜻에 귀를 기울이며 살고 있나요?
2. 나는 나의 삶을 구원 역사가 이루어지는 곳으로 받아들이고 있나요?

• 대림 제4주일 •

자유로운 사랑의 관계

요셉 성인의 기다림

의로운 사람 요셉에게 약혼자 마리아의 임신은 충격적인 일이었습니다. 그런데 그를 더욱 놀라게 했던 것은 천사가 전해 준 말이었습니다. "다윗의 자손 요셉아, 두려워하지 말고 마리아를 아내로 맞아들여라. 그 몸에 잉태된 아기는 성령으로 말미암은 것이다."(마태 1,20). 요셉은 꿈에 나타난 천사의 말을 과연 믿을 수 있었을까요?

사실 처녀가 임신하여 아들을 낳을 것이란 소식은 요셉뿐 아니라 마리아에게도 믿기지 않는 일이었습니다. "저는 남자를 알지 못하는데, 어떻게 그런 일이 있을 수 있겠습니까?"(루카 1,34). 하지만 마리아가 그랬던 것처럼 요셉도 믿었습니다.

그가 믿었던 것은 꿈에 나타난 천사가 아니라 천사가 그에게 말해 준 예언의 내용이었습니다. "주님께서 예언자를 통하여 하신 말씀이 이루어지려고 이 모든 일이 일어났다."(마태 1,22). 사실 요셉은 다윗 가문에서 구세주가 나실 것이며, 전능하신 하느님께서 그분을 통해 당신 백성을 구하시리라는 예언을 누구보다 굳게 믿고 기다렸습니다. 천사가 알려 준 동정녀의 잉태는 예언서가 말하는 하느님의 전능하심과 신실하심을 드러내는 구체적 표징이었던 것입니다.

요셉 성인처럼 우리에게도 구원에 대한 갈망과 간절한 기다림이 필요합니다. 하느님께서 놀라운 권능으로 우리를 반드시 구원하신다는 것을 믿고 기다릴 때, 우리의 갈망과 기다림은 현실이 될 것입니다. 성탄은 우리 그리스도인들의 믿음이 옳다는 것을 말해 주는 구체적 표징인 것입니다. 우리는 요셉 성인처럼 구원을 간절히 기다리고 있으며, 하느님의 놀라운 힘과 신실하심을 믿고 있나요?

사랑의 기적

"그러므로 주님께서 몸소 여러분에게 표징을 주실 것입니다. 보십시오, 젊은 여인이 잉태하여 아들을 낳고 그 이름을 임마누엘이라 할 것입니다."(이사 7,14). 성경이 알려 주는 하느님은 약속을 지키시는 분입니다. 이사야 예언자를 통해 하신 하느님의 임마누엘 탄생 약속이 마태오 복음서에서 예수님의 탄생 예고와 함께 실현됩니다.

"주님께서 예언자를 통하여 하신 말씀이 이루어지려고 이 모든 일이 일어났다. 곧 "보아라, 동정녀가 잉태하여 아들을 낳으리니 그 이름을 임마누엘이라고 하리라." 하신 말씀이다. 임마누엘은 번역하면 '하느님께서 우리와 함께 계시다.'는 뜻이다."(마태 1,22-23).

"하느님께서 우리와 함께 계시다."라는 말씀의 뜻은 무엇일까요? 하느님께서 친히 이 세상에 오셔서 구원을 이루시겠다는 것입니다. 어떻게 그런 일이 이루어질까요?

대림 · 성탄 시기를 통해 그리스도교 신앙은 놀랍고도 엄청난 진리를 선포합니다. 그것은 하느님께서 사자를 파견하신다는 것이 아니라 친히 인간이 되시어 우리 가운데 오신다는 것입니다. 겉옷만 빌려 입고 잠시 내려오셨다 일을 마친 후 다시 하늘로 올라가시는 일시적 방문이 아닙니다. 비참하고 죄로 가득한 인간 세상에, 우리와 똑같은 인간이 되어 오시어 사시겠다는 말씀입니다. 이 얼마나 엄청나고 믿기 힘든 말씀입니까?

하느님께서 우리와 똑같은 인간이 되시다니요!

우리가 누군가를 사랑할 때, 그 사람의 기쁨과 환희뿐 아니라 아픔과 슬픔도 함께 나누게 마련입니다. 하지만 그것을 나눌 뿐이지, 그 누구도 그 사람이 되어 그의 아픔과 슬픔을 오롯이 자신의 아픔과 고통으로 똑같이 겪을 수는 없습니다. 그것이 우리 인간의 가장 큰 비애이기도 합니다.

그런데 하느님께서는 비참한 인간의 처지를 함께 아파하시는 데 그치지 않고 친히 인간이 되셨습니다. 사랑 때문이지요. 그분은 인간을 사랑하시기에 그의 비참한 삶 한가운데로 들어오시어 그를 구원으로 이끄십니다. 구원이 저 먼 하늘, 혹은 저 먼 미래에 있지 않고 우리가 가장 괴로워하는 이 세상 한복판, 바로 그 자리에서 시작되는 것입니다. 이것이 지금 대림 시기에 우리가 듣는 구원의 기쁜 소식입니다. 그래서 우리는 성탄에 태어나실 아기 예수님을 우리 삶 한가운데에 모시기 위해 준비하며 기다리고 있습니다.

바오로 사도는 이 엄청난 약속이 실현된 것을 목격한 사람입니다. 그 역시 유다인으로서 그 약속의 실현을 기다렸습니다. 처음에는 이 놀라운 실현을 알아보지 못했지만 예수님을 직접 만나는 체험을 통해 그는 온전히 변화하였습니다. 그리스도인들을 박해하고 죽이기까지 했던 그가 그리스도의 제자가 되어 온 삶을 그분을 위해 바치게 된 것입니다.

그가 발견한 구세주의 얼굴은 온전히 새로운 얼굴이었습니다. 인간적으로 기대하던 약속을 넘어서는, 거짓 약속을 들추어내고 진정한 약속을 실현시키는 얼굴이었습니다. 우리 역시 그 놀라운 약속이 우리 안에서 실현되기를 기다리고 있습니다.

그 약속의 내용은 무엇일까요? 바로 당신의 생명까지 내어 주는 사랑을 통해 우리를 온갖 구속에서 온전히 자유롭게 풀어 주신다는 것입니다. 죄와 죽음, 그 세력으로부터 지켜 주신다는 것입니다. 마음을 속박하는 온갖 악한 감정과 시기, 질투로 상처 난 마음을 낫게 해 주시고 자유롭게 해 주신다는 것입니다. 이 약속을 실현하는 길이 '사랑으로 내어 줌'입니다.

미사에서 가장 거룩한 행위는 내어 주는 것입니다. 주님께서 빵과 포도주에 당신의 전부를 담아 우리에게 사랑의 선물로 내어 주십니다('나누어 주다', '피를 흘리다'). 전례는 주님의 죽음을 기억합니다. 그 죽음은 단순한 죽음이 아닙니다. 생명을 내어 주는 사랑의 표징입니다. 거저 주는 사랑, 그 어떠한 사심도 없고 어떠한 이해관계에도 얽매이지 않은 사랑, 바로 그 사랑이 우리를 구원합니다. 우리가 그 사랑으로 인도되어 그 사랑을 닮아 갈 때, 우리는 집착에서 벗어나 자유로울 수 있습니다. 그 사랑은 우리의 집착을 끊어 버리고 거룩하고 고귀한 품위를 되찾아 줍니다. 이 모든 신비가 미사성제를 통해 우리 안에 실현됩니다.

주님께서 친히 인간이 되시어 우리를 찾아오시는 성탄이 다가옵니다. 그분을 맞이하기 위해 우리는 오늘도 계속해서 마음을 가다듬고 삶을 가지런히 정리해야 합니다. 버릴 것 버리고 비울 것 비웁시다. 가난한 모습으로, 겸손하고 온유하신 주님의 인격을 청하며 기도드립시다.

"마라나 타! 주 예수여, 어서 오소서!"

사랑의 신비

가브리엘 천사의 주님 탄생 예고에 담긴 놀라운 구원의 신비에 대해 함께 묵상하고자 합니다.

이슬람교에서는 예수님을 그들의 대예언자인 모하메드보다 아래에 있는 예언자로 간주한다고 합니다. 주목해 볼 것은 코란에서도 예수님의 어머니를 동정녀로 묘사한다는 점입니다. 그녀의 이름은 '마리암'이라고 기록되어 있습니다. "그 천사가 말하였다. 오, 마리암아, 하느님이 참으로 너를 간택하셨다.

그분은 너를 깨끗이 씻어 주셨다. 그리고 세상의 모든 여인들 위에 너를 간택하셨다. 오 마리암아, 너의 주께 헌신하여라. 무릎을 꿇고 절하는 이들과 더불어 절하여라."

이 이야기는 루카 복음서에 등장하는 가브리엘 천사의 말과 거의 흡사해 보입니다. 그런데 복음서에 나오는 가브리엘 천사의 말은 코란과는 완전히 다른 차원에서 이루어집니다. 가브리엘은 마리아에게 무릎을 꿇고 절하라고 하지 않습니다. 가브리엘은 성모님에게 '인사'를 건넵니다. "은총이 가득한 이여, 기뻐하여라."(루카 1,28). 그들의 만남은 이렇게 인사로 시작됩니다. 우리가 보통 지나치게 되는 이 인사의 의미는 우리의 생각을 뒤바꿀 만큼 엄청납니다. 인사는 거절당할 수도 있습니다. 상대방의 온전한 자유를 전제하기 때문입니다. 오늘 하느님께서 당신 구원의 신비로 마리아를 초대하기 위해 인사를 건네 마음의 문을 두드립니다. 이 구원의 신비는 강요되지 않고 자유로운 선택에 맡겨져 있습니다. 마리아는 자신의 삶 전체에 울려 퍼지는 하느님의 부르심이 무슨 뜻인지 알아들으려 깊이 생각에 잠깁니다. 그리고 말씀하신 대로 자신에게 이루어지기를 바란다고 응답합니다(루카 1,38 참조).

이 만남은 지금 우리가 기념하는 구원의 신비가 관계의 신비이며 사랑과 인격의 신비임을 말해 줍니다. 그 구원의 신비는 마리아뿐 아니라 우리 각자의 마음에 다가와 문을 두드리며 자유로운 응답을 요구합니다. 내 안에서 솟아나는 주님을 향한 갈망을 의식할 수 있을 때, 우리는 하느님 구원의 신비가 내 삶에 무엇을 의미하는지를 깨닫고 온전한 자유로 마음의 문을 열어 응답할 것입니다.

베네딕토 16세 교황님도 하느님께서는 힘으로 우리를 내리누르거나 강요하여 당신께 오게 하지 않으신다고 말씀하셨습니다. 하느님은 우리를 무릎 꿇게 하지 않으십니다. "하느님께서는 진정한 자유 안에서 우리와 사랑의 관계를 맺고 싶어 하십니다."(강론집 『성탄』).

구원의 신비는 인격의 신비이며 사랑의 신비이기도 합니다. 우리 삶에는 많은 만남들이 있습니다. 그 만남들은 어떻게 시작되나요? 진지한 인사로 시작되는 만남들은 언제 이루어집니까? 우리는 진정한 사랑의 관계를 이루도록 초대되었습니다. 서로의 고귀한 인격을 알아보고 사랑하라는 초대이지요. 이렇게 인사로 시작된 우리의 만남이 서로의 고귀한 자유와 인격을 존중하고 존경하며 서로 섬기는 사랑의 만남이 될 때 우리는 이미 구원의 신비 안에 들어선 것입니다.

우리는 모두 하느님의 구원과 사랑으로 초대받았습니다. 이제 동방의 박사들이 했던 것처럼 그분을 찾아 나설 때입니다. 우리는 그분을 베들레헴의 마구간, 포대기에 싸여 구유에 누워 있는 연약한 한 아기에게서 찾게 될 것입니다. 이 만남이 우리를 향한 하느님의 참사랑을 깨닫는 계기가 될 수 있도록 대림 시기를 마무리하면 좋겠습니다.

주님의 종

"행복하십니다, 주님께서 하신 말씀이 이루어지리라고 믿으신 분!"(루카 1,45).

이 말씀은 마리아가 처했던 당혹스러운 상황을 암시하고 있습니다. 가브리엘 천사로부터 들려온 믿을 수 없는 말씀 앞에서 "이 몸은 처녀인데, 어떻게 그런 일이 있을 수 있겠습니까?" 하고 마리아는 물었습니다. 그리고 천사에게서 들은 하느님의 계획과 약속에 마리아는 '믿음'의 응답을 합니다. "보십시오, 저는 주님의 종입니다. 말씀하신 대로 저에게 이루어지기를 바랍니다."(루카 1,38).

요셉 성인도 마찬가지였습니다. 약혼자인 마리아가 임신한 사실을 알게 되어 매우 당혹스러운 상황에 처했습니다. 요셉이 마음속으로 심한 갈등을 겪고 있을 때, 꿈에 나타난 천사에게서 믿을 수 없는 말씀을 듣습니다. 그리고 천사가 일러 준 대로 마리아를 아내로 맞아들입니다.

마리아와 요셉이 처했던 상황을 '믿음의 상황'이라고 할 수 있을 것입니다. 모호하고 불확실한 상황, 스스로 사태를 해결할 수 없던 상황이었습니다. 사실 그것은 동방의 박사들에게도 해당됩니다(마태 2,1-12 참조). 별을 따라 길을 떠났지만, 어느새 별이 사라져 버렸던 것입니다.

예수님의 탄생 이야기에는 이처럼 모호하고 불확실한 상황 속에서, 알 수 없는 내일을 '믿음'으로 맞이하는 이들의 이야기가 담겨 있습니다. 믿음이란 하느님의 계획과 약속에 의탁하고 맡기는 것입니다. 하느님은 약속의 하느님이시고, 약속하신 바를 반드시 이루어 주시는 분이심을 알기에, 약속을 받은 사람들은 믿음으로 그 약속을 깨달아 가는 여정, 알 수 없는 내일을 향해 걸어갈 수 있었습니다.

우리는 어떠합니까? 우리를 향한 하느님의 계획, 우리와 맺으신 하느님의 약속을 기억하고 있습니까? 혹자는 어떤 계획, 어떤 약속을 말하는 것이냐고 물을 것입니다. 주님께서 말씀하십니다. 우리 존재 자체가 당신의 크신 계획 안에 있고, 우리의

자유로운 사랑의 관계

삶과 미래는 약속되어 있는데, 왜 그것을 잊고 사느냐고 말입니다. 천지가 창조되기 전부터 우리는 그분 계획 속에 있었고, 하느님께서는 우리가 각자의 삶의 길에서 그 계획을 찾아 이루어 가도록 약속하셨습니다.

예, 우리가 잊었을 뿐입니다. 대림 시기는 우리를 향한 주님의 계획과 약속을 다시 일깨우는 시기입니다. 지금까지 잘 살아왔으니, 앞으로 더 잘 살아갈 것이라 믿고 내일을 향해 걸어갑시다. 우리의 복잡하게 뒤얽힌 문제들도 분명 주님과 함께 좋은 결과로 이어질 것이라 믿으며 갑시다.

"하느님을 사랑하는 이들, 그분의 계획에 따라 부르심을 받은 이들에게는 모든 것이 함께 작용하여 선을 이룬다는 것을 우리는 압니다."(로마 8,28).

오늘, 나를 위한 질문

1. 주님께서 나를 방문하셨을 때, 나는 어떤 응답을 드렸나요?
2. 모호하고 불확실한 상황을 하느님을 향한 신뢰로 견디어 냈던 경험이 있습니까?

• 12월 17일 •

시작으로의 초대

마태오 복음서 첫머리에 나오는 예수님의 족보는 강론하기 어려운 대목 가운데 하나입니다. 긴 족보를 읽다 보면, 당시 귀했던 양피지에 이렇게 긴 족보를 굳이 기입할 필요가 있었을까 하는 의문이 듭니다. 그런데 조금만 더 깊이 생각해 보면, 예수님의 족보는 성탄 축제 때 기념하는 육화의 신비를 더욱 깊이 묵상하도록 초대하고 있음을 알게 됩니다.

인류의 구세주께서 인간이 되시어 한 가문의 왕가를 통해 오신다는 것은 무슨 뜻일까요? 먼저 우리는 '임금'이라는 칭호가 예수님을 통해 전혀 새로운 의미를 부여받게 되었음을 기억해야 합니다. 보통 임금은 화려한 궁궐에 태어나지만, 예수님은 베들레헴의 누추한 마구간 구유에서 태어나셨습니다. 또한

'유다인의 임금 나자렛 예수'라는 명패가 붙은 십자가는 죄수들이 형벌을 받는 도구였습니다. 이러한 사실은 예수님께 붙여진 '임금'이라는 칭호가 세속적 의미가 아닌 전혀 다른 의미를 지니고 있음을 말해 줍니다. 온갖 위험과 폭력에 노출된 작은 아기의 모습에서 십자가 위의 죽음에 이르기까지 예수님께서 임금이 되신 방식은, 인간을 그토록 사랑하신 나머지 자신의 모든 것을 내어놓고 남을 섬기며 목숨을 바치는 방식이었습니다.

예수님의 족보를 거슬러 올라가는 제자들의 탐구는, 자신들이 경험한 구원이 어떻게 준비되고 시작되었는지 찾아가는 여정이기도 했습니다. 그것은 성탄을 준비하는 우리의 모습이기도 합니다. 우리도 각자의 삶에 실현된 구원이 어떻게 준비되고 시작되었는지 찾아가라는 초대를 받고 있습니다. 우리는 누군가의 손에 이끌려 신앙을 접하고 하느님의 자녀가 되었습니다. 우리 중 누구도 하느님 손에 이끌리지 않고 신앙을 택한 사람은 없습니다. 모태 신앙에서 가장 최근에 세례를 받은 사람까지 다양한 방식으로 구원의 대열에 들어섰습니다. 하느님께서는 사람들의 다양한 얼굴만큼이나 다양한 방식으로 구원을 계획하고 준비하셨습니다. 대림 시기는 우리 각자에게 신앙과 구원의 길이 어떻게 시작되었는지 되돌아보는 시기입니다. 나의 신앙은 어디에서 시작되었습니까? 하느님께서는 얼마나 놀랍고 오묘한 방식으로 나의 구원, 우리의 구원을 준비하고 계획하며 섭리하셨습니까? 나는 어떻게 태어났으며, 하느님께서 언제 어디서 어떻게 나의 삶에 들어오셨습니까?

대림 시기는 세상과 인류 역사에, 그리고 내 안에 시작된 그 위대한 구원의 역사를 다시 읽는 시기입니다. 구세주께서 어둠을 밝히시며 빛으로 오십니다. 그 빛이 오신 것은 바로 나의 어두운 삶, 어두운 영혼을 비추기 위해서임을 기억합시다. 구원이 인간의 평범한 역사 안에서 시작되었음을, 나약하고 허물 많은 인간 역사에서, 죄악과 죽음의 세력이 가득한 우리 삶 한가운데서 실현되었음을 기억합시다.

깊어 가는 대림 시기를 지내며 우리가 더 잘 보고 더 잘 걸을 수 있도록, 그 빛을 항구히 주시기를 청합시다. 그리고 먼 길을 가기 위해 필요한 용기와 항구함, 그리고 설레는 마음도 아울러 청합시다. "마라나 타, 오십시오, 주 예수님!"

오늘, 나를 위한 질문

1. 처음 신앙을 갖게 된 계기는 무엇입니까?
2. 깊어 가는 대림 시기를 보내며 주님께 청하는 지향이 있습니까?

• 12월 18일 •

천사가 지나간다

프랑스어 표현에 '천사가 지나간다 Un ange passe.'라는 말이 있습니다. 식사 중에 침묵이 흐를 때 사용하는 표현입니다. 어느 날 나자렛 성가정에서 식사 중에 침묵이 흘렀습니다. 그러자 마리아께서 "천사가 지나간다."라고 하셨습니다. 그러자 요셉 성인께서 깜짝 놀라며 이렇게 말씀하셨다고 합니다. "그런 일이 두 번 다시 일어나지 않기를!" 천사가 한 번 지나간 다음에 요셉 성인의 인생이, 세상 사람들의 눈으로 보면 '꼬일 대로 꼬여 버렸기에' 이런 우스갯소리가 생긴 것은 아닐까 생각해 봅니다.

오늘 복음에서 요셉 성인의 꿈에 천사가 나타나 말합니다. 천사의 등장은 지금 일어나는 일이 엉망진창, 뒤죽박죽으로 보일지라도, 하느님의 크신 계획하에 이루어지고 있음을 의미합니다. 동시에 그 안에서 하느님의 계획과 뜻을 읽으라는, 곧 식별하라는 초대이기도 합니다.

　인간의 계획과 하느님의 계획이 있습니다. 언제나 우리 뜻대로 되지는 않는 것이 우리네 인생입니다. 요셉 성인에게 닥친 시련은 인간으로서 도저히 받아들이기 힘든 일이었습니다. 요셉 성인은 꿈에 나타난 천사의 말씀에서 하느님의 계획을 알게 됩니다. 그러자 하느님의 뜻에 자기 미래를 맡겨 드립니다. 진정한 신앙인의 모습입니다. 그 뒤로 당신 계획에 따라 인간을 보살피고 구원하시는 하느님의 이야기가 이어집니다. 하느님께서는 인간을 내버려두지 않으시고 계속 천사를 보내어 돌보시며 구원 역사가 이루어질 수 있도록 안배하십니다.

　요셉 성인이 처했던 상황은 모호함과 불확실함으로 가득했습니다. 자신의 뜻과는 반대로 흘러가고 있었습니다. 그의 현실은 알 수 없는 미래를 맞닥뜨리기 위해 의탁해야 하는, 믿음이 요구되는 '믿음의 상황'이었습니다. 그 상황에서 인간이 진정 믿고 의탁할 수 있는 것은 하느님의 계획과 약속임이 드러납니다. 요셉 성인은 그 계획과 약속에 의탁하고 자신의 미래를 하느님께 맡겨 드렸습니다.

요셉 성인이 처했던 믿음의 상황은 우리에게도 찾아옵니다. 우리 또한 모호함과 불확실함 속에 살고 있습니다. 그 안에서 뜻을 굽히고 의기소침해 하며 희망을 잃고 살기도 합니다. 천사가 요셉을 찾아간 말씀은 우리 각자와 공동체를 향한 하느님의 계획과 약속이 존재함을 일깨워 줍니다. 우리가 잊고 있을 뿐, 우리는 하느님의 크신 계획 아래에 있고, 약속된 미래를 보장받고 있습니다. 요셉 성인께서 하느님의 계획과 약속을 믿고 의탁하신 것처럼 우리도 하느님의 계획과 약속을 믿고 의탁할 수 있기를 바랍니다. 그럴 때 임마누엘, 이미 우리와 함께 계신 하느님을 알아볼 수 있을 것입니다.

요셉 성인에게 천사가 나타났던 것처럼 오늘 우리에게도 천사가 찾아오십니다. 천사가 지나갈 때, 그때가 바로 가던 길을 멈추고 하느님의 계획을 다시 생각할 때입니다. 천사의 존재는 우리가 아버지의 계획 아래에 있음과 그 계획을 계속 찾으라는 아버지의 뜻을 표현합니다. 모든 것이 하느님의 크신 계획에 따라 이루어지는 일입니다. 우리가 지금 수많은 일들 속에서 얽힌 실타래와 같이 뒤죽박죽으로 보이는 현실을 살고 있을지라도, 우리는 그 안에서 하느님의 계획을 발견하도록 초대받았습니다. 우리 뜻대로 되지 않는 현실 속에서 하느님의 계획을 발견하기란 쉽지 않습니다. 인간의 계획은 어긋나기도 하기에 내려놓음도 필요합니다. 그 과정에서 눈이 열리고, 의탁하는 법을 배우게 됩니다.

대림 시기는 우리 자신의 뜻을 내려놓고 하느님의 뜻과 계획을 다시금 발견하는 시기입니다. 모호함과 불확실함 속에서 의기소침해 있던 자신을 돌아보며 우리의 마음을, 영혼을 다시 주님의 놀라우신 계획과 약속에 맡겨 드릴 수 있기를, 이를 통해 대림 시기가 각자의 영적 여정에서 한 걸음 더 나아가는 디딤돌이 되기를 청해 봅시다.

오늘, 나를 위한 질문

1. 나에게도 '믿음의 상황'이 있었나요?
2. 내 삶에 마련된 하느님의 뜻과 계획은 어떤 것일까요?

• 12월 19일 •

시련이 지나가면

내 삶에 오시는 하느님 말씀

우리는 종종 말씀이 우리 각자의 구체적인 삶에 내려오시어 기적을 이루신다는 사실을 잊고 삽니다. 대림 시기는 하느님 말씀이 이 세상에, 우리 안에 내리시기를, 그리고 당신 뜻을 이루시기를 청하며 준비하고 기다리는 때입니다.

"티베리우스 황제의 치세 제십오년, 본시오 빌라도가 유다 총독으로, 헤로데가 갈릴래아의 영주로, 그의 동생 필리포스가 이투래아와 트라코니티스 지방의 영주로, 리사니아스가 아빌레네의 영주로 있을 때, 또 한나스와 카야파가 대사제로 있을 때, 하느님의 말씀이 광야에 있는 즈카르야의 아들 요한에게 내렸다. 그리하여 요한은 요르단 부근의 모든 지방을 다니며, 죄의 용서를 위한 회개의 세례를 선포하였다."(루카 3,1-3).

말씀은 늘 구체적인 상황 속에 있는 사람에게 내리고, 하느님께서는 의도하신 바를 반드시 실현하십니다.

요한 복음서의 서문에서도 이렇게 말씀하십니다. "말씀이 사람이 되시어 우리 가운데 사셨다."(요한 1,14).

이는 하느님의 말씀이 지금 우리가 살고 있는 이 땅, 우리 삶에 내려오신다는 것을 의미합니다. 초점을 이 땅, 우리 삶, 우리 각자에 맞춰 봅시다. 하느님의 말씀은 고통과 고뇌로 점철된 우리 삶에 새로운 방향과 새로운 시야를 열어 줍니다. 우리는 과연 그것을 믿고 희망하고 있나요? 우리 삶의 새로운 시대가 열릴 수 있다는 것, 아니 이미 열렸다는 것을?

세례자 요한의 탄생 이야기는 우리에게 내리신 하느님의 말씀에 대해 묵상하도록 초대하고 있습니다. 엘리사벳은 아이를 못 낳는 여자인 데다, 엘리사벳과 즈카르야 모두 나이가 많았습니다. 이러한 상황은 "내가 사람들 사이에서 겪어야 했던 치욕을 없애 주시려고 주님께서 굽어보시어 나에게 이 일을 해 주셨구나."(루카 1,25)라고 했던 엘리사벳의 독백에도 잘 나타나 있습니다.

"내가 사람들 사이에서 겪어야 했던 치욕"이란 표현은 엘리사벳과 즈카르야가 겪어야 했던 힘겨웠던 상황을 잘 나타냅니다. 이제 말씀이 부부에게 내리시어 아이를 못 낳던 여인에게 아들이 태어날 것입니다. 둘은 이 축복의 말씀을 곧바로 받아들이지는 못하지만, 점차 그 말씀이 삶에 스며들며 삶에 새로운 희망을 솟아나게 할 것입니다.

우리가 기다리는 성탄 역시 이러한 것이 아닐까요? 우리도 두 노부부처럼 나이가 들수록 좋은 열매를 맺는 것이 아니라, 자신감을 잃고 의기소침해지는 경우가 종종 있습니다. 우리가 겪어 온 치욕들은 얼마나 많은가요? 인간다운 대접, 처우를 받지 못한 삶, 우리의 마음은 또 얼마나 많이 부서졌던가요? 또한 우리 삶은 얼마나 허망한가요? 마치 아무것도 이룬 것 없이 밤새 헛물만 켠 제자들처럼 말이죠.

주님의 말씀은 우리 삶, 우리가 처한 현실 속 상황에 매우 구체적으로 내려오시어 바로 거기서 새로운 창조를 시작합니다. 성탄을 기다리고 준비하며, 가장 먼저 우리의 삶을 살펴봅시다. 각자 걸어온 삶의 길을 돌아봅시다. 그 안에 말씀이 내리시기를, 예수님이 우리 곁에 탄생하시기를 청해 보면 어떨까요? 주님께서 이제 곧 오십니다. 말씀을 경청하기 위해 마음을 열어 드릴 때, 우리는 놀라운 기적을 경험할 것입니다.

즈카르야의 고민

가브리엘 천사와 만난 즈카르야의 이야기는 자연스럽게 가브리엘 천사와 만난 마리아 이야기와 비교됩니다. 얼핏 보면 하느님의 놀라운 구원 계획 앞에서 즈카르야는 의심을 했고, 마리아도 의아해했습니다. 자신이 잉태하여 아들을 낳을 것이라는 가브리엘 천사의 예고를 듣고 마리아는 천사에게 묻습니다. "저는 남자를 알지 못하는데, 어떻게 그런 일이 있을 수 있겠습니까?"(루카 1,34). 늙은 아내 엘리사벳이 아이를 낳을 것이라고 일러 준 가브리엘 천사의 말에 즈카르야가 대답합니다. "제가 그것을 어떻게 알 수 있겠습니까? 저는 늙은이고 제 아내도 나이가 많습니다."(루카 1,18). 왜 즈카르야만 벌을 받았을까요?

어쩌면 즈카르야가 가지고 있던 문제는 우리 눈에 보이는 것보다 훨씬 크고 깊었는지도 모릅니다. 그의 내면에 있던 의구심의 뿌리는 영적인 문제였을 것입니다. 그것은 다름 아닌 자신이 만들어 놓은 틀에 갇혀 하느님의 활동에 문을 열지 못했던 것이었습니다. 열심히 계명을 지키고 규정을 따라 살았음에도 정작 자기 삶에서 일어나는 하느님의 개입과 새로운 시작을 믿지 못했던 것입니다.

그가 만들어 놓은 세계는 이렇습니다. 그의 평생의 한은 아이가 없는 것이었습니다. 엘리사벳은 아이를 낳지 못하는 여자였습니다. 거기에 회한 섞인 즈카르야의 고백이 들립니다. "저는 늙은이고 제 아내도 나이가 많습니다." 그가 사는 세상 어디에도 하느님께서 들어가실 곳, 활동하실 곳이 없습니다. 그는 오히려 주님의 천사를 시험하며 증거를 보여 달라고 이야기합니다. "제가 그것을 어떻게 알 수 있겠습니까?" 그런 그에게 주어진 것은 삶의 시련이었습니다. 늙고 아내도 나이가 많은 데다 말을 하지 못하는 사람까지 되어 버립니다. 불행에 불행이 겹치는 삶이 이어집니다. 그런데 거기서 반전이 일어납니다. 시련은 그에게 새로운 계기를 주고 자신의 내면 깊은 곳으로 들어가도록 해 줍니다. 시련과 근신의 시기를 거치며 그는 영적으로 성장하며 새롭게 변화할 것입니다. 그리고 그가 겪는 시련 안에서 하느님께서는 자신이 상상조차 하지 못했던 구원 계획을 이루고 계시다는 것을 깨달을 것입니다.

즈카르야가 겪었던 일은 우리의 영적 체험을 은유적으로 표현합니다. 많은 경우 우리가 하느님의 은총을 깨닫지 못하는 이유는 우리가 만들어 놓은 상황에 갇혀 있기 때문입니다. 그런 우리에게 시련이 닥치면 자연스럽게 우리 안에서 의심이 고개를 들고 하느님을 시험하게 됩니다. "당신이 계시다면 그것을 증명해 보여 주세요!" 시련은 앞을 보지 못하게 하고 용기와 희망을 잃게 합니다. 시련에 사로잡혀 우리는 고개를 숙이고 무릎을 꿇습니다. 어디를 보아도 빠져나올 구멍이 없어 보입니다. 하지만 소중한 사람의 도움으로 삶의 방향과 목표를 다시 잡을 때 시련을 견디어 낼 수 있습니다. 시련이 지나가면 더 높은 곳에 의연하게 서 있는 자신을 발견하게 될 것입니다. 시련이 우리를 성장시킨 것입니다. 그리고 시련의 순간을 이겨 낼 수 있도록 해 주신 분이 바로 하느님이셨음을 발견합니다.

대림 시기 막바지에 이르렀습니다. 대림 시기는 우리가 바라보아야 할 곳이 어디인지를 알려 줍니다. 마음속의 부정적인 모든 것을 털어 버리고, 오실 주님께 대한 희망과 기다림으로 남은 대림 시기를 채워 나갑시다. 우리가 상상도 못한 은총이 성탄을 통해 우리에게 내려질 것입니다. 지금 우리가 겪는 크고 작은 시련은 그분을 알아보기 위한 디딤돌이 될 것입니다.

오늘, 나를 위한 질문

1. 나는 하느님과 구체적으로 어떤 대화를 나누며 사나요?
2. 나를 성장시킨 시련의 때는 언제였나요?

• 12월 20일 •

모호함 가운데 나타나는 하느님의 놀라운 계획

마태오 복음서에는 요셉 성인에게 나타난 천사의 이야기가 실려 있습니다. 루카 복음서의 마리아를 방문한 가브리엘 천사 이야기와 비슷하면서도 다른 이야기를 전해 줍니다.

마리아 이야기에는 천사의 이름이 가브리엘로 전해지지만, 요셉의 꿈에서는 그렇지 않습니다. 천사가 마리아에게는 꿈이 아닌 현실에 나타나지만, 요셉에게는 꿈에 나타납니다. 마리아에게는 장차 일어날 일에 대해 이야기하지만, 요셉에게는 이미 마리아에게 일어난 일에 대해 이야기합니다. 믿어야 할 이유도 제시하는데, 마리아에게는 엘리사벳의 예를 들어 설명하고, 요셉에게는 이사야 예언서의 말씀을 들어 설명합니다. 공통점은, 마리아에게 잉태된 아기가 성령으로 말미암았다는 점과 하느님의 구원 계획이 실현될 것이라는 내용을 전해 준다는 점입니다.

난세에 천사가 나타남은 묵시 문학의 중요한 모티브로, 뒤죽박죽인 현실 속에서도 하느님의 계획이 실현되고 있다는 메시지를 전하기 위한 것입니다. 두 장면은 묵시 문학은 아니지만, 당시 상황을 놓고 보면 일리가 있어 보입니다. 이스라엘은 나라를 빼앗긴 상태였고, 헤로데의 폭정이 백성을 짓누르고 있었으며, 정치와 종교 지도자들은 양 떼를 내버려두고 자기들의 이익만 챙기고 있었습니다.

이처럼 온통 뒤죽박죽인 현실에 하느님께서 몸소 개입하시어 당신의 크신 계획에 따라 세상을 이끌어 가실 것이란 말씀이 전해진 것입니다. 그러나 그 계획은 신앙 안에서 식별을 요한다는 것을 두 이야기는 알려 줍니다. 하느님의 계획은 마치 요셉과 마리아의 수용과 응답 없이는 진행되지 않을 것처럼 보입니다. 마리아와 요셉은 현재와 미래에 일어나는 일들 속에서 하느님의 뜻과 계획을 읽고 믿음으로 응답해야 했습니다. 요셉 성인은 '천사가 명령한 대로' 마리아를 아내로 맞아들였고, 마리아는 "보십시오, 저는 주님의 종입니다. 말씀하신 대로 저에게 이루어지기를 바랍니다."(루카 1,38)라고 응답했습니다.

우리의 현실은 우리 뜻대로 되지 않고 온통 뒤죽박죽일 때가 많습니다. 그런 현실 속에서 대림과 성탄, 특별히 천사의 방문 이야기는 하느님의 구원 계획이 우리 삶에 숨어 있음을 일깨워 줍니다. 동시에 우리가 그 계획을 읽고 자신의 삶을 그 계획에 열어 드리도록 우리를 초대합니다.

구원은 거창하고 특별한 것이라기보다 지금 우리 삶에서 시작되는 것입니다. 우리가 처한 현실은 고통스럽고 힘겹지만, 그래도 우리는 대림을 지내며 성탄을 준비하고 있습니다. 지금은 우리 영혼을 돌아보고, 다시 오실 주님을 맞이하기 위해 삶을 정리할 때입니다. 우리 생각보다 훨씬 크신 주님의 계획을 기대하며, 성탄을 희망으로 맞이할 수 있기를 청해 봅니다. 그러한 우리의 믿음을 통해 현실은 변화되고 우리는 더 밝은 빛을 향해 나아갈 수 있을 것입니다.

오늘, 나를 위한 질문

1. 나의 삶이 뒤죽박죽이었던 때는 언제인가요?
2. 그때 주님께서 천사를 통해 나의 삶을 방문하셨던 것을 기억하나요?

• 12월 21일 •

만남의 기쁨

성탄, 모든 이를 위한 기쁜 소식

"보십시오, 당신의 인사말 소리가 제 귀에 들리자 저의 태안에서 아기가 즐거워 뛰놀았습니다."(루카 1,44).

오늘 복음은 온통 기쁨으로 가득합니다. 먼 길을 달려온 마리아의 인사말이 귀에 들리자 엘리사벳의 뱃속 아기가 즐거워 뛰놉니다. 주님의 어머니의 방문에 엘리사벳은 기쁨과 환희에 가득 차 그녀를 맞으며 칭송합니다. "행복하십니다, 주님께서 하신 말씀이 이루어지리라고 믿으신 분!"(루카 1,45). 마리아 역시 자신의 기쁨을 '마리아의 노래'에 담아 표현합니다.

두 여인의 기쁨은 하느님의 구원 계획에 대한 감사에서 우러나옵니다. "내 영혼이 주님을 찬송하고 내 마음이 나의 구원자 하느님 안에서 기뻐 뛰니 그분께서 당신 종의 비천함을 굽어보셨기 때문입니다."(루카 1,46-48)라고 한 마리아의 노래처럼, 하느님께서 인간의 비참함을 굽어보셨으며 그들을 위해 친히 인간의 삶으로 들어오셨기 때문입니다.

마리아의 엘리사벳 방문 이야기에서 기뻐하는 이들의 모습은 성탄을 준비하는 우리의 모습입니다. 주님의 성탄 소식에 우리의 마음 또한 기뻐 뜁니다. 주님께서 친히 우리의 비참함을 굽어보시고 이미 우리 안에 큰일을 시작하셨기 때문입니다. 마리아는 '믿음으로' 하느님의 구원 계획을 맞아들였습니다. 우리 또한 대림 시기를 마무리하며 우리를 구원하시기 위해 오시는 주님을 '믿음으로' 맞아들이기 위해 마음을 비우고 겸손하게 깨어 기다립시다.

우리는 구원의 기쁜 소식인 예수님의 탄생을 어떠한 몸과 마음으로 준비하고 있나요?

만남의 신비

엘리사벳과 마리아의 만남을 보고 어떤 신학자는 이렇게 말하였습니다. "만남이란, 내 안의 가장 좋은 것과 네 안의 가장 좋은 것의 만남이다."

두 여인의 뱃속에 있는 아기는 그들에게 가장 좋은 선물이었습니다. 엘리사벳에게는 평생의 한을 풀어 준 축복이었고, 마리아에게는 비천한 여종을 돌보신 하느님의 표징이었습니다. 두 여인 모두 자신의 삶을 구원의 역사 안에서 이해하고 있습니다. 각자 고유한 역사가 있지만, 동시에 서로 안에서 이루시는 하느님 구원의 손길을 의식하고 있습니다. 이것이 오늘 복음에 등장한 두 여인의 만남이 전하는 기쁜 소식이며 삶의 교훈입니다.

우리의 만남은 어떠한가요? 틀에 박힌 일상 안에서 피상적인 만남들이 주로 이어지고 있지는 않나요? 관계에서 오는 어려움들은 어떠한가요?

마리아의 시선과 엘리사벳의 시선을 바라봅니다. 두 여인의 시선은 서로 안에서 기뻐 뛰는 하느님의 선물을 향합니다.

우리의 시선은 지금 어디를 향해 있나요? 혹시 자신이나 타인의 한계, 나약함과 불완전함에 머물지 않나요? 사실 우리 안에 존재하는 나약함과 한계, 불완전함은 우리가 인간이고 우리의 사랑과 자유가 아직 완성에 이르지 못했음을 보여 줍니다. 그러나 이는 또한 우리가 걸어가야 할 길, 성장의 길로 초대받고 있음도 의미합니다. 사랑과 자유는 시간 안에서 성장하기에

만남의 기쁨

시행착오를 겪으며 성장하기 위한 시간과 공간이 필요합니다. 구원은 각자 고유한 개성 안에서 시작되고 그 안에서 완성에 이를 것입니다.

오늘 하루를 지내며 만남에 대해 묵상하면 어떨까요. 서로 다른 사람들이 한 공동체에서 살 수 있다는 것, 그것은 오히려 축복이 아닐까요? 대림과 성탄이 서로 안에 있는 고귀함을 밝혀 주는 시기가 되기를 청합니다. 만남을 통해 함께 사는 참기쁨을 발견하기를 바랍니다.

오늘, 나를 위한 질문

1. 나는 주님 성탄의 기쁜 소식을 설레는 마음으로 기다리고 있나요?
2. 나는 일상에서 어떤 만남을 이루며 살아가고 있나요?

• 12월 22일 •

마리아의 노래

프랑스 유학 생활 중 가장 힘들었을 때의 일입니다. 건강이 좋지 않았고 잠도 잘 못 자던 시기가 있었습니다. 모든 것이 힘들었고 저는 조금씩 자신감과 의욕을 잃어 갔습니다. 그때 제게 큰 힘이 되었던 것은 한 달에 한 번 있는 영성 지도 신부님과의 면담이었습니다. 면담 내용은 늘 '의심'이었습니다. 저는 확신이 부족했고 자신감이 없어 늘 비관적이었습니다. 제 미래에 대해서도 하느님과의 관계에 대해서도 확신이 없었습니다. 하느님에 대한 의심은 하느님에 대한 시험으로 변하였습니다. 저도 모르는 사이 하느님께서 계시다면 제가 잘될 것이라는 표징을 보여 달라고 요구하고 있었습니다. 제 삶에서 위안을 삼을 만한 무언가를 보여 달라고 청하였습니다. 의심에 싸인 제게 영성 지도 신부님은 끊임없이 신뢰와 확신을 주시려 노력하였습니다.

"폴! 너에게는 부족한 것이 없어. 머리도 좋고, 공부도 잘하고, 잘생기고, 젊고, 앞날이 창창해! 너는 잘하고 있다고. 이제껏 잘해 왔고 앞으로도 잘할 것이야!"

고해성사 때 신부님께서는 늘 제게 보속으로 '마리아의 노래'를 기도하라고 하셨습니다.

"내 영혼이 주님을 찬송하고
내 마음이 나의 구원자 하느님 안에서 기뻐 뛰니
그분께서 당신 종의 비천함을 굽어보셨기 때문입니다.
이제부터 과연 모든 세대가 나를 행복하다 하리니
전능하신 분께서 나에게 큰일을 하셨기 때문입니다.
그분의 이름은 거룩하고
그분의 자비는 대대로
당신을 경외하는 이들에게 미칩니다.
그분께서는 당신 팔로 권능을 떨치시어
마음속 생각이 교만한 자들을 흩으셨습니다.
통치자들을 왕좌에서 끌어내리시고

비천한 이들을 들어 높이셨으며
굶주린 이들을 좋은 것으로 배불리시고
부유한 자들을 빈손으로 내치셨습니다.
당신의 자비를 기억하시어
당신 종 이스라엘을 거두어 주셨으니
우리 조상들에게 말씀하신 대로
그 자비가 아브라함과 그 후손에게 영원히 미칠 것입니다."
(루카 1,46-55).

저는 위기와 시련의 시기를 겪으며 마리아의 노래에는 주님을 찾아 신앙의 여정을 나선 모든 사람의 체험이 담겨 있다는 것을 깨달았습니다. 마리아는 자신의 비천한 삶에 주어진 하느님의 무한하신 은혜를 체험했고 그 힘으로 끝까지 신앙을 지키며 견뎌 내었습니다. 그리고 그 신앙으로 우리에게 무한한 위로와 용기를 전해 주고 있습니다. 저는 성모님과 함께 시련을 이겨 냈고, 그분과 함께 주님을 향해 앞으로 나아갈 수 있었습니다.

저는 시련 속에서 신뢰와 용기 그리고 끈기를 배웠습니다. 신뢰와 용기를 배운다는 말은 보통 우리의 머리로는 잘 이해되지 않는 말입니다. 신뢰와 용기를 배우다니요? 그것들은 그냥 주어지는 것 아닌가요? 아니요, 배워야 할 것들입니다. 누군가의 손길과 동반을 통해 우리는 신뢰와 용기를 배웁니다. 믿음과 희망, 사랑도 늘 우리 안에 있지만 함께 걷는 누군가의 도움을 통해 살아 낼 수 있는 것입니다.

성탄이 얼마 남지 않았습니다. 성탄은 우리에게 하느님의 사랑과 구원의 신비를 전해 주는 사건입니다. 내 삶에서 줄곧 울려 퍼지는 소리, 내 안에서 진정한 사랑을 찾는 열망을 발견할 수 있다면 성탄은 우리 삶을 온전히 바꾸어 버릴 엄청난 사건이 될 것입니다. 하지만 내가 내 삶과 열망을 바라보지 않고 그분을 찾지 않는다면, 성탄은 또 한 번 무심코 지나갈 그저 타인을 위한 축제로 남을 것입니다.

오늘, 나를 위한 질문

1. 노트를 준비해서 '마리아의 노래'를 직접 써 보면 어떨까요?
2. 나를 찾아오시는 주님을 향한 사랑의 열망을 내 안에서 느끼고 있나요?

• 12월 23일 •

놀라워할 수 있는 마음

놀라워할 줄 아는 삶

"이 아기가 대체 무엇이 될 것인가?"(루카 1,66).

우리는 모두 기쁨과 환대 속에서 태어났습니다. 부모님 사랑의 결실인 우리 생명은 하느님께로부터 주어진 선물이었습니다. 생명은 그 자체로 신비이고, 부모님은 신비로운 선물 앞에서 경탄하며 우리를 주신 하느님께 감사를 드렸습니다.

세례자 요한의 탄생은 사람들에게 놀라움 그 자체였습니다. 어머니 엘리사벳은 아이를 낳지 못하는 여자인 데다 나이도 많았습니다. 그런 그가 아기를 임신하자, 아기 아버지는 말 못하는 '벙어리'가 됩니다. 아기가 태어나자 어머니와 아버지는 서로 말을 맞춘 듯 똑같이 그의 이름을 '요한'이라고 합니다. 이

신기한 소식을 들은 이들은 아기가 장차 어떤 사람이 될까 궁금해합니다.

성탄을 기다리는 우리에게도 놀랄 줄 아는 마음가짐이 필요하지 않을까요? 어떤 일에 놀랄 수 있다는 것은 하느님께서 활동하실 자리를 내어 드리고, 열린 미래를 받아들일 준비가 되어 있다는 것을 뜻합니다. 즈카르야와 엘리사벳, 고을 사람들이 놀라워했듯, 각자의 삶에 일어나는 일에 놀라워할 수 있는 마음을 주님께 청합시다. 그런 우리 마음속에 아기 예수님께서 놀라움과 참기쁨의 선물로 태어나실 것입니다.

우리는 일상에서 행해지는 하느님의 놀라운 활동에 얼마나 귀를 기울이며 살아가고 있나요?

즈카르야의 기쁨

앞서 즈카르야가 겪은 일의 영적 측면을 묵상하였습니다. 좌절과 상처로 점철되어 온 그의 삶은 자신을 자기만의 세계에 가두었고, 하느님의 개입과 활동을 믿지 못하게 하였습니다. 하느님의 구원 계획을 믿지 못해 하느님을 시험하였고 그로 인해 그는 말을 못하게 되어 깊은 침묵 속에 빠지게 되었습니다.

침묵은 즈카르야를 자신의 내면 깊은 곳으로 들어가도록 했습니다. 때가 차고 하느님의 계획과 은총이 세상에 드러나자 그는 깊은 침묵에서 벗어나 입이 열리고 혀가 풀려 하느님을 찬미합니다. 시련과 근신의 시기를 거치며 영적으로 성숙한 것입니다. 이제 자신과 모든 이를 향한 하느님의 구원 계획을 알아보고 그분의 은총을 깨달을 영적인 눈이 열린 것입니다.

즈카르야의 이야기는 우리 안에 있는 답답함, 터질 것 같은 나의 열망, 내 삶에서 줄곧 울려 퍼지던 소리, 그동안 내가 알아보지 못했고 외면해 왔던 소리, 나를 자유롭게 해방시켜 줄 무언가에 대한 갈망을 마주하게 합니다. 그리고 나도 나의 이야기, 나의 역사, 나의 억울한 사연을 들어 줄 누군가를 기다리고 있었음을 깨닫게 합니다.

우리가 우리 삶의 이야기를 할 수 있는 권리를 되찾아 주시기 위해 아기 예수님께서 오십니다. 그분의 탄생이 나에게 참된 은총의 사건이 되도록 각자 자신의 내면으로 시선을 돌릴 때입니다. 우리 안에서 줄곧 울려 퍼지는 내면의 소리는 참사랑과 진정한 자유를 향한 갈망이었습니다. 온전히 자유로운 마음으로 사랑할 바로 그 갈망의 대상을 우리는 며칠 후에 태어나실 아기 예수님 안에서 발견할 것입니다. 성령께서 그분께 대한 기다림과 열망을 새롭게 해 주시기를 청합시다.

세례자 요한의 영성

하느님께서는 인간 삶이나 역사의 모호함을 교묘히 피하거나 가리지 않으십니다. 오히려 그 모호한 삶 한가운데 들어오셔서 당신의 위대한 역사를 펼치십니다.

탄생에서 죽음까지 세례자 요한의 삶은 모호함투성이였습니다. 그는 아이를 낳지 못하는 늙은 어머니에게서 늦둥이로 태어났습니다. 그가 태어날 당시 아버지는 말도 못 하고 듣지도 못 하는 처지였습니다. 성인이 된 후 요한은 광야에서 척박한 삶을 살았습니다. 그는 메뚜기와 들꿀을 먹고, 낙타 털옷을 입고 살면서 요르단강에서 죄의 용서를 위한 회개의 세례를 베풀었습니다. 그는 헤로데에게 직언을 하여 감옥에 갇혔고, 어처구니없는 죽음을 맞이했습니다.

교회가 세례자 요한의 삶을 기억하는 이유는 온 삶으로 주님을 증언했기 때문입니다. 그는 사람들에게 죄의 용서를 위한 회개의 세례를 베풀었습니다. 그는 '광야에서 외치는 이의 소리'로서 '하느님 말씀'이 오실 길을 준비하였습니다. 그는 구세주께 친히 세례를 베풀며 죄 많은 인류와 하나 되신 자비하신 구세주를 만났고, 그분께서 하느님 나라를 실현하시는 소식을 감옥에서 들을 수 있었습니다. 요한은 모호한 자기 삶에 들어

오시어 사명을 맡기시고 이를 완수할 수 있도록 이끌어 주셨던 하느님께 감사드렸을 것입니다.

그렇기에 그의 삶의 핵심은 '기쁨'일 것입니다. 그는 탄생부터 수많은 이에게 기쁨과 놀라움을 선사하였습니다. 마리아가 그의 어머니 엘리사벳을 방문했을 때, 태중에 있던 요한은 기뻐 뛰놀았습니다. 그리고 훗날 예수님에 관한 소식을 들었을 때 "그분은 커지셔야 하고 나는 작아져야 한다."(요한 3,30)라고 말하면서 기쁨이 넘쳤을 것입니다.

그리스도를 따르는 제자인 우리는 우리 삶의 모호함에서 주님께서 활동하신다는 사실을 세례자 요한에게서 배울 수 있었습니다. 우리의 탄생부터 지금까지, 인생에서, 각자 부름받은 삶에서 모호함이 없을 수 없습니다. 그러나 그 모든 모호함이야말로 주님께서 일하시는 자리인 것입니다. 세례자 요한은 우리에게 소명을 소중히 받아들여 인내와 끈기를 갖고, 계속해서 식별하며 앞으로 나아가라고 합니다.

세례자 요한이 일깨우는 소명의 핵심 또한 '기쁨'일 것입니다. 기쁨의 원천은 사명의 완수, 주님께서 오시는 것을 목격하는 것입니다. 낮아지고 작아지고 사라지는 것, 임을 위한 자리로 자기 삶을 내어 드리는 것입니다. 각자가 받은 소명에 감사하고 사명을 수행하는 가운데 기쁨을 누리며 소명을 통해 오시는 주님을 만날 수 있기를 청합시다.

오늘, 나를 위한 질문

1. 우리는 일상에서 일어나는 일에 놀라워할 준비가 되어 있나요?
2. 나는 '기쁨'이라는 소명을 실천하며 살고 있나요?

• 12월 24일 •

즈카르야의 노래

"우리 하느님의 크신 자비로 높은 곳에서 별이 우리를 찾아오시어"(루카 1,78).

주님의 성소에서 가브리엘 천사의 방문을 받은 즈카르야는 장차 아들을 갖게 될 것이라는 기쁜 소식을 들었지만 이를 믿지 않아 '벙어리'가 되었습니다. 그러나 그 침묵 속에서 그는, 장차 태어날 아기가 백성에게 맞이하도록 준비시킬, 주님께서 가져오실 구원의 기쁜 소식에 대해 깊이 묵상할 수 있었습니다. 이 침묵과 기다림의 시간을 통해 즈카르야는 어둠과 죽음의 그늘 아래 살아가는 사람들을 비추어 주실 구원자를 보내시는 하느님의 계획에 눈을 뜰 수 있었습니다. 때가 차서 아들이 세상에 태어났을 때 혀가 풀린 그가 외친 첫 마디는 "아이고,

내 아들!"이 아니라 "주 이스라엘의 하느님께서는 찬미받으소서."였습니다.

"주 이스라엘의 하느님께서는 찬미받으소서.
그분께서는 당신 백성을 찾아와 속량하시고
당신 종 다윗 집안에서
우리를 위하여 힘센 구원자를 일으키셨습니다.
당신의 거룩한 예언자들의 입을 통하여
예로부터 말씀하신 대로
우리 원수들에게서, 우리를 미워하는 모든 자의 손에서
우리를 구원하시려는 것입니다.
그분께서는 우리 조상들에게 자비를 베푸시고
당신의 거룩한 계약을 기억하셨습니다.
이 계약은 우리 조상 아브라함에게 하신 맹세로
원수들 손에서 구원된 우리가 두려움 없이
한평생 당신 앞에서
거룩하고 의롭게
당신을 섬기도록 해 주시려는 것입니다."

(루카 1,68-75).

즈카르야가 겪었던 일은 성탄을 준비하는 우리 자신을 되돌아보게 합니다. 구원 계획을 알아듣기 위해 즈카르야에게 준비가 필요했던 것처럼, 구세주를 알아보고 맞이하려면 우리에게도 준비가 필요합니다. 거리를 아름답게 수놓는 화려한 조명과 그 사이로 울려 퍼지는 캐럴 소리로 인해 마음이 종종 갈피를 잡지 못하는 우리에게 필요한 것은 침묵입니다. 고요함 가운데 감미로움으로 다가오시는 주님의 발소리에 귀를 기울여 봅시다. 그분은 어둠과 죽음의 그늘에 사는 우리를 빛으로 비추시고 평화의 길로 이끌어 주실 우리 인생의 별이십니다.

기다리는 우리의 마음은 어떠한 상태인지 살펴봅시다. 무엇이 우리를 가로막고 있나요? 우리 안에는 주님과 교회, 가장 가난하고 소외되며 고통 중에 있는 사람을 향하려는 열망이 있나요?

오늘, 나를 위한 질문

1. 나는 침묵과 고요 가운데 주님의 오심을 기다리고 있나요?
2. 나는 가난하고 소외되며 고통 중에 있는 이들을 기억하고 있나요?

성탄 시기
영적 여행

• 초대 시 •

성탄은

성탄은 거슬러 올라감입니다.
연어들이 힘차게 강물을 거슬러 고향을 찾아가듯
주님의 놀라운 구원 계획이 어떻게 시작되었는지
거슬러 찾아 올라가는 발걸음입니다.
동방의 박사들이 별을 좇아 물어 가며
유다인들의 임금이 태어난 곳을 찾아갔다면
주님의 제자들은 베들레헴을 지나
먼 태초로 눈을 돌렸습니다.
"한처음에 말씀이 계셨다."(요한 1,1).

성탄은 경탄입니다.
하느님께서 그 무한한 거리를 넘어 우리를 찾아오심에 대한,
우리와 똑같은 인간이 되심에 대한,
가장 누추한 모습으로 오셨음에 대한 경탄입니다.
"말씀이 사람이 되시어 우리 가운데 사셨다."(요한 1,14).

성탄은 초대장입니다.
우리 역시 제자들을 따라
주님이 오신 그 길을 거슬러 올라가라는,
놀라운 구원과 은총이 우리 삶에서
어떠한 섭리로 시작되었는지를 밝히기 위해
저 먼 태초까지 거슬러 올라가라는 초대장입니다.

성탄은 간절한 기다림입니다.
이 길을 거슬러 올라가며 우리는
환난과 시련 중에 주님의 다시 오심을 간절히 기다리던
옛 교회를 만납니다.
그리고 함께 외칩니다. "마라나 타! 오소서 주 예수님!"

성탄은 위로입니다.
우리의 고된 삶의 노고와 마음속 깊은 상처,
번민과 괴로움을 아시는 주님 친히
우리의 하느님으로서 우리와 함께 계십니다.
성탄은 우리의 눈에서 모든 눈물을 닦아 주실 주님을
우리의 상처 입고 해어진 마음 안으로 모시는
환대입니다.

성탄은 선물입니다.
우리 삶에 새 하늘과 새 땅이 시작되기를
바라는 우리에게
성탄은 한 아기를 선물합니다.
사람이 되어 오신 하느님, 하느님을 감춘 아기.
보라 이 사람을, 보라 이 아기를!
이 아기 안에서 하느님의 발걸음을 읽어 내기를,
아기 예수님의 얼굴에 비친 희미한 미소에서
우리를 향한 하느님의 그 지극한 자비와 사랑을
읽어 내기를 초대합니다.

성탄은 새로운 탄생입니다.

동방의 박사들이 예수님을 발견하고 크게 기뻐하며

예물을 바치고 다른 길로 돌아갔듯이

목자들이 아기를 발견하고 놀라 기뻐하며

하느님을 찬양하고 찬미하며 돌아갔듯이

우리는 오늘 우리에게 전해진 놀라운 구원의 기쁜 소식을

세상에 전하기 위해

교회로 새로 태어납니다.

오늘, 나를 위한 질문

1. 성탄의 기쁨을 표현한 시 한 편을 써 봅시다.
2. 성탄의 기쁨을 주위 사람과 나누어 봅시다.

• 12월 25일 주님 성탄 대축일 •

하느님의 프러포즈

가난하고 연약한 구세주

"너희는 포대기에 싸여 구유에 누워 있는 아기를 보게 될 터인데, 그것이 너희를 위한 표징이다."(루카 2,12).

온 인류가 그토록 기다려 온 구세주는 세상이 알아볼 수 없는 연약한 아기의 모습으로 오셨습니다. 그분을 알아보기 위해서는 '표징'이 필요했으며, '포대기에 싸여 구유에 누워 있는 아기'가 바로 그 표징이었습니다. 인류의 기대와는 정반대로, 그분은 그렇게 오셨습니다.

'포대기에 싸여 구유에 누워 있는 아기'는 그분의 구원이 어떠할 것인지 미리 알려 주는 표징이기도 했습니다. 우리는 종종 세상의 논리에 갇혀 진리를 알아보지 못할 때가 많습니다.

특히 가난하고 연약한 한 아기에게서, 인간의 품위를 잃은 채 십자가 위에서 죄수로 처참히 죽어 간 한 사람에게서 우리를 구원해 줄 구세주를 발견하기란 결코 쉽지 않습니다. 그럼에도 주님께서 그 길을 가신 이유는, 구원의 길이 바로 거기에 있기 때문입니다.

주님은 우리와 사랑의 관계를 맺기를 바라십니다. 우리가 십자가에서 그분의 사랑을 발견하기를 바라십니다. 벗을 위해 자신을 내어놓는 사랑의 힘이 악과 죽음의 세력을 이긴다는 사실을 깨닫기를 바라십니다. 우리 또한 그 사랑으로 변화하여 그분과 똑같은 사랑을 이루기를 원하십니다.

성탄은 당신의 사랑을 받아 달라는, 우리를 향한 하느님의 '프러포즈'입니다. 우리는 구유에 누우신 아기 예수님에게서 하느님 아버지의 따뜻한 사랑을 느낄 수 있나요? 그 사랑에 우리는 어떻게 답할 것인가요?

거슬러 올라가기

예수님을 따르던 제자들은 스승님을 하늘에 보내 드리고 새로운 여정을 시작했습니다. 그것은 그들이 겪은 모든 일이 어떻게 시작되었는지 찾아가는 여정이었습니다. 요한 복음사가는 태초까지 거슬러 올라갑니다. "한처음에 말씀이 계셨다."(요한 1,1). 예수님을 만난 체험이 얼마나 강렬한 구원 체험이었기에 감히 세상 창조 때까지 거슬러 올라갈 수 있었을까요!

오늘 복음에서 찾을 수 있는 그 체험은 믿음으로 하느님의 자녀가 되는 체험이었습니다. "그분께서는 당신을 받아들이는 이들, 당신의 이름을 믿는 모든 이에게 하느님의 자녀가 되는 권한을 주셨다."(요한 1,12) 하셨듯, 혈통이나 육욕, 욕망이 아닌 하느님에게서 자녀로 태어나는 체험인 것입니다.

그런데 제자들은 어떻게 새로 태어날 수 있었을까요? 그것은 바로 은총 체험이었습니다. "그분의 충만함에서 우리 모두 은총에 은총을 받았다."(요한 1,16). 그분에게서 인간을 향한 한없이 흘러넘치는 사랑을 체험한 것입니다. 이는 너무나도 충만한 그분의 은총이 곧 하느님 자신이라는 고백이기도 합니다.

제자들은 바로 그 체험의 기원을 찾아 거슬러 올라갔습니다. 예수님의 성탄을 거쳐 태초에 이르기까지 말입니다. 우리가 지내는 성탄 축제는 바로 그 거슬러 올라가는 여정입니다.

성탄은 우리를 당신 자녀로 태어나게 하기 위해, 우리에게 충만한 은총을 베풀기 위해, 그 은총이 우리 삶에 흘러넘치도록 하느님께서 이 땅, 어두운 인간 세상을 찾으신 놀라운 사건입니다. 하느님께서는 우리가 아기 예수님에게서 은총에 은총을 더해 주시는 하느님을 알아보도록 우리를 초대하십니다.

이 놀라운 체험을 우리 것으로 하기 위해서는 '믿음'이 필요합니다. 온 마음으로 받아들이고 그분의 이름을 믿는 것입니다. 주님의 은총 속으로 들어가, 주님께서 거저 주시는 은총을 받을 마음의 준비를 하는 것입니다.

세속적 생각과 이해관계를 내려놓고 순수한 은총의 세계로 들어갑시다. 어둡고 고단했던 삶, 무언가를 해야 보답이나 인정을 받을 수 있었던 삶, 그 힘겹고 무거운 삶의 짐에서 벗어나 오직 존재만으로 우리를 품어 안으시는 그분 사랑에 마음을 열고, 빛으로 오시는 주님의 은총이 우리 마음 곳곳, 어두운 삶 곳곳에 내려 우리 영혼이 기쁨으로 가득하기를 청합시다. 분명 기도하는 우리들 안에 주님께서 함께 계시어, 태초부터 영원히 그치지 않을 은총이 한없이 우리 안에 흘러넘칠 것입니다.

오늘, 나를 위한 질문

1. 나는 하느님의 '프러포즈'에 어떻게 응답할 것인가요?
2. 지금까지 하느님에게서 어떤 은총을 받으며 살아왔나요?

• 12월 26일 성 스테파노 첫 순교자 축일 •

참증인

스테파노 성인의 순교를 예언이라도 하듯 예수님께서 말씀하십니다. "사람들을 조심하여라. 그들이 너희를 의회에 넘기고 회당에서 채찍질할 것이다."(마태 10,17). 그리스도를 믿는 이들은 '넘겨질' 것입니다. 사울을 비롯해 예수님의 제자들을 쫓는 이들은 혈안이 되어 그들을 잡으려 들었습니다. 그들을 의회에 넘겨 죽이기 위해서였습니다. 사도행전에서 회당에 속한 사람들은 큰 이적과 표징들을 일으키던 스테파노와 논쟁을 벌였고, 그 와중에 화가 치밀어 그를 잡아 성 밖으로 몰아내 돌을 던져 죽음에 이르게 합니다. 이렇게 첫 순교자가 탄생합니다.

스테파노의 순교를 깊이 묵상하기 위해 복음의 예수님 말씀에 주목합시다. "사람들을 조심하여라. 그들이 너희를 의회에

넘기고 회당에서 채찍질할 것이다. 또 너희는 나 때문에 총독들과 임금들 앞에 끌려가, 그들과 다른 민족들에게 증언할 것이다."(마태 10,17-18). 그렇습니다. 예수님의 제자들은 '증인'으로서 그러한 일을 당할 거라는 말씀입니다.

증인은 누구입니까? 무언가를 보고 들은 사람입니다. 증인은 자신이 보고 들은 진실을 밝히려 나선 사람입니다. 사람들이 믿도록 하려는 것입니다. 참된 증인은 진실을 밝히기 위해 목숨까지 내어놓을 각오가 되어 있습니다.

스테파노는 순교자이기 전에 증인이었습니다. 그는 하늘이 열리는 것을 '보았고', 하느님의 영광과 하느님 오른편에 계신 예수님을 '보았습니다'. 그는 예수님의 수난과 죽음, 부활과 승천에 이르는 구원의 역사를 본 그대로 증언하였습니다. 그리고 그 증언으로 죽음에까지 이르렀습니다. 그 죽음으로 그는 이름이 바뀝니다. '증인'이 '순교자'가 됩니다.

사도행전에서는 스테파노를 죽음에 이르게 한 이들을 '증인들'이라고 부릅니다. 사실 그들은 '거짓 증인들'이었습니다. 참 증인은 자신이 보고 들은 것을 밝히기 위해 자신을 드러내고 목숨까지 내어놓습니다. 거짓 증인은 진실을 가리고 은폐하려고 혈안이 되어 있습니다. 목숨을 살리기 위해, 죄과를 받지 않기 위해 갖은 수를 쓰며 거짓말을 합니다. 그들은 종교를 지킨다는 명목으로, 하느님을 만난 참증인 스테파노를 죽음으로 몰고 갔습니다. 스테파노의 참된 증언은 사울의 마음속에 깊이 남아 그를 주님의 사도요 참증인으로 변화시켰습니다.

아기 예수님에게서 우리는 양들을 위해 자신의 목숨을 내놓는 목자, 우리를 구하기 위해 희생된 어린양을 발견합니다. 스테파노의 순교는 바로 하느님 사랑의 참증인이신 예수님의 죽음을 따른 행위였습니다. 하느님께서는 인간을 너무나 사랑하신 나머지 당신 아드님을 통해 친히 인간이 되어 오셨습니다. 예수님께서 자신의 존재를 내주는 육화, 강생의 신비는 그분의 전 생애, 특히 파스카 사건을 통해 실현됩니다.

성탄 축제에 지내는 스테파노 축일은 우리에게 질문을 던집니다. 우리는 참증인인가, 거짓 증인인가? 우리는 얼마나 진리를 갈망하며 찾고 있는가? 얼마나 예수님을 닮으며 우리의 삶을 주님과 이웃을 위해 내어놓는가? 나를 내어놓기 위해 얼마나 집착에서 벗어나는 노력을 하고 있는가? 얼마나 나를 비우고 내려놓고 살아가는가?

이 시대는 진정한 의미에서의 '증인'을 필요로 합니다. 들판에서 양을 치던 목자들과 동방에서 별을 좇아 온 박사들처럼 수많은 이들이 구유를 경배하고 떠나갔습니다. 모두 각자의 자리에서 '증인'으로 살아갈 것입니다. 우리는 구유에서 무엇을 보았나요? 무엇을 증언하고 살아갈 것인가요?

오늘, 나를 위한 질문

1. 스테파노의 순교는 나에게 어떤 울림으로 다가오나요?
2. 나는 스스로를 주님의 증인으로 여기며 살아가나요?

• 12월 27일 성 요한 사도 복음사가 축일 •

보는 것과 믿는 것

"그제야 무덤에 먼저 다다른 다른 제자도 들어갔다. 그리고 보고 믿었다."(요한 20,8).

사람들은 직접 보거나 듣지 않고서는 남의 말을 믿으려 하지 않습니다. 특히 터무니없는 말일 경우 더욱 그렇습니다. 주간 첫날 이른 아침, 마리아 막달레나의 말을 들은 베드로와 요한도 그랬습니다. 그녀의 믿기 어려운 이야기를 듣고, 그들은 무덤으로 달려갔습니다. 그들은 무덤 안으로 들어가 '보고 믿었다'고 합니다. 그들은 무엇을 보고 믿은 것일까요?

그들이 본 것은 빈 무덤이었습니다. 예수님의 시신은 오간 데 없었습니다. 빈 무덤을 본 그들은 마리아 막달레나가 전해 준 말이 사실임을 믿었습니다. 하지만 그들의 믿음은 본 것에 머물렀을 뿐, 그들 앞에 벌어진 일이 무엇을 의미하는지 깨닫는 데까지는 닿지 못했습니다.

베드로와 요한처럼 우리 또한 빈 무덤과 부활 사이에서 머뭇거립니다. 그들은 우리가 과연 눈에 보이지 않는 것을 믿을 수 있는지 묻고 있습니다. 보이지 않는 것을 믿기 위해서는 마음을 의탁하는 모험을 감행할 수 있어야 합니다. 부활을 믿는다는 것은 예수님의 사랑이 죽음과 죄를 극복하였음을, 그리고 그 사랑으로 참구원의 길이 열렸음을 믿는 것입니다. 우리는 정말로 그 사랑을 위해 모험을 감행할 수 있으며, 요한 사도처럼 그 사랑을 위해 온 삶을 바칠 수 있습니까?

성탄에 기억하는 요한 사도의 신앙과 삶은 우리에게 이러한 질문을 던지는 듯합니다. 우리는 구유에 누운 아기 예수님에게서 우리를 지극히 사랑하신 하느님 아버지를 보고 믿고 있나요? 우리가 그 사랑으로 새로 태어나 새로운 삶을 살게 되었음을 새롭게 인식하고 있나요?

오늘, 나를 위한 질문

1. 나의 믿음은 아직 눈에 보이는 것에만 머물러 있지 않나요?
2. 요한 사도처럼 나도 주님의 깊은 사랑을 체험하며 살고 있나요?

• 12월 28일 죄 없는 아기 순교자들 축일 •

두려움과 욕심의 결말

"가서 그 아기에 관하여 잘 알아보시오. 그리고 그 아기를 찾거든 나에게 알려 주시오. 나도 가서 경배하겠소."(마태 2,8).

동방에서 온 박사들의 방문을 받고 헤로데가 했던 이 약속은 거짓이었습니다. 그는 '경배'가 아닌 '학살'을 계획하고 있었습니다. 새로 태어날 통치자로 인해 자신의 왕권이 위협을 받을 것이라고 생각했기 때문입니다. 그의 두려움은 분노로 변하여 무죄한 아이들을 학살하기에 이릅니다.

"그때에 헤로데는 박사들에게 속은 것을 알고 크게 화를 내었다. 그리고 사람들을 보내어 … 베들레헴과 그 온 일대에 사는 두 살 이하의 사내아이들을 모조리 죽여 버렸다."(마태 2,16).

죄 없는 아기 순교자들의 축일은 한 인간의 두려움과 분노에서 비롯한 폭력이 어떠한 결말을 맺는지 기억하도록 합니다.

자식 잃은 부모는 엄청난 슬픔과 절망에 빠졌습니다. "라헬이 자식들을 잃고 운다. 자식들이 없으니 위로도 마다한다."(예레 31,15). 하지만 하느님께서는 당신 자녀들의 이러한 불행을 결코 잊지 않으십니다. 당신의 외아들 예수님을 통하여 '라마의 통곡 소리'에 묻어 있는 슬픔보다 더 큰 기쁨을, 절망을 뚫고 일어서는 불멸의 희망을 우리에게 주실 것이기 때문입니다.

헤로데처럼 우리 또한 종종 두려움과 분노와 욕심으로 흔들립니다. 예수님께서 우리에게 다가오시어 당신 사랑의 힘으로 우리를 진정시켜 주실 수 있도록 마음의 문을 열어 드립시다.

우리는 언제 어떻게 두려움과 분노를 느낍니까? 우리는 그때마다 마음을 가다듬고 주님께 의탁하고 있습니까? 함께 기도하면 어떨까요? 주님, 저의 마음을 다잡아 주소서!

> **오늘, 나를 위한 질문**

1. 내 마음속의 두려움과 욕심은 어떤 것인가요?
2. 죄를 짓지 않고 생을 마감한 아기들을 위해 기도해 봅시다.

• 12월 29일 성탄 팔일 축제 제5일 •

겸손한 이에게 주어지는 축복

인생은 풀리지 않는 문제 같다고 노래한 가수가 있었습니다. 나그네 걸음으로 잠시 머물기엔 너무 길지만 영원에 비하면 짧은 길, 다양한 삶을 이룰 수 없어 인생이라는 틀 안에서 하나만 선택하는 삶이라는 가사에는 인생은 다 그런 것이라는 의미가 쓸쓸하게 담겨 있었습니다.

매년 이맘때면 한 것도 없이 벌써 한 해가 갔다는 아쉬움을 느끼며 초라한 자신을 발견합니다. 매번 가난과 겸손을 배우는 것입니다. 신앙 선배들의 가르침처럼 가난을 통해 일하시는 하느님을 고백하게 됩니다.

루카 복음서 2장에 등장하는 시메온은 매우 연로한 노인으로 보입니다. 그는 의롭고 독실하며, 이스라엘이 위로받을 때를 기다리는 이였습니다. 동족이 겪고 있는 고통과 시련을 잘 알고 있었고, 절망하지 않고 희망의 끈을 꼭 잡고 있었습니다.

그는 '약속의 말씀'을 잊지 않고 기대하고 있었습니다. 보잘 것없어 보이는 그가 과연 "말씀하신 대로" 아기 예수님을 두 팔에 안아 하느님께 찬미를 드릴 영광을 얻었습니다. 그의 오랜 기다림이 그의 마음을 가난하고 겸손하게 만들었을 것입니다.

주님 공현 대축일에 회자되는 동방의 박사들도 마찬가지입니다. 그들은 누구였나요? 하느님을 찾고 자신을 찾는 이들이었습니다. 그들은 화려한 도시와 궁전, 학자와 권력가들 사이에서 별을 잃고, 시련과 위기를 겪으며 오히려 하느님의 방식을 발견하였습니다. 하느님은 가난하고 겸손한 분이시기에 보잘것없는 베들레헴에서, 가난하고 연약한 아기 안에 숨어 계셨습니다.

동방 박사들은 하느님의 가난과 겸손을 배울 수 있었고, 다른 길로 돌아갈 수 있었습니다. 그들은 하느님을 발견하고 자신을 재발견하였습니다. 가난하고 보잘것없으며 연약한 자신을 받아들일 줄 알게 되었고, 그런 자신을 찾아오신 하느님의 사랑을 확인할 수 있었습니다.

우리 모두 각자의 삶의 자리에서 맡겨진 일이나 대인 관계

등에서 어려움을 겪을 수 있습니다. 그러나 거기서 가난과 겸손의 덕을 배울 수 있기를 바랍니다. 낮아지고 자신을 지우며 약함을 받아들임으로써 오는 평화를 누릴 수 있기를 기도합니다. 그 안에서 활동하시는 하느님을 발견하고 그분께 영광을 드리며 기뻐할 수 있기를 바랍니다.

특히 타인과 이웃을 형제로 새롭게 인식할 수 있기를 바랍니다. 그들도 나와 똑같이 돌봄을 필요로 하는 존재임을 깨닫는 것입니다. 이 여정을 영원히 이어 가기를 희망합니다.

오늘, 나를 위한 질문

1. 시메온 할아버지의 모습은 나에게 어떻게 다가오나요?
2. 나는 가난과 겸손을 향한 길에서 어디쯤 와 있나요?

• 12월 30일 성탄 팔일 축제 제6일 •

온 삶을 바친 기다림

"한나도 … 예루살렘의 속량을 기다리는 모든 이에게 그 아기에 대하여 이야기하였다."(루카 2,38).

신앙은 예수님과의 만남입니다. 이 만남은 지나온 삶에 새로운 의미를 주며 다가올 앞길에 새로운 삶을 선사합니다. 우리 모두는 세례성사로 예수님 안에 죽고 새로운 삶을 부여받았습니다.

한나 예언자는 젊어서 남편을 여읜 과부였습니다. 당시 과부들은 사회적으로 안정된 삶을 살 수 없는 처지였습니다. 가난과 편견이 그네들의 삶을 무겁게 했습니다. 하지만 한나는 한평생을 "성전을 떠나는 일 없이 단식하고 기도하며 밤낮으로 하느님을 섬겼다."(루카 2,37)고 합니다. 삶이 힘들고 고됐지만 구원의 날에 대한 희망으로 버틸 수 있었던 것입니다. 한나는 그토록 오랜 기다림의 끝자락에 예수님을 만나게 됩니다. 오랜 기다림이 헛되지 않았음을 알게 된 그녀는 하느님께 감사를 드리고 예루살렘의 속량(구원)을 기다리는 모든 이에게 아기에 대해 이야기합니다. 예수님과의 만남이 한나의 지나온 삶을 온통 이날을 향한 기다림의 날들로 만들었으며, 그녀가 파수꾼으로서 기쁜 소식을 전하게 한 것입니다.

우리는 대림 시기 내내 예수님과의 만남을 준비했습니다. 그리고 큰 기쁨으로 예수님을 품에 안고 경배드렸습니다. 예수님은 우리도 한나처럼 삶을 하느님에 대한 감사로 채우고 구원의 기쁜 소식을 삶으로 증언하도록 초대하십니다.

우리 주위에 구원을 애타게 기다리는 사람은 누구입니까? 그들에게 우리는 예수님에 대해 어떻게 이야기하고 있나요?

오늘, 나를 위한 질문

1. 한나 예언자의 삶은 나에게 어떻게 다가오나요?
2. 우리는 구유에서 만난 아기 예수님에 관한 기쁜 소식을 전하며 사는가요?

• 12월 31일 성탄 팔일 축제 제7일 •

하느님을 알려 주신 분

"저들의 하느님이 어디 있느냐?"(시편 79,10).

세상 사람들이 우리를 향해 비웃듯 묻습니다. 하지만 이 물음은 때때로 우리 신앙인들의 내면에서 울려 퍼지기도 합니다. 아무리 기도해도 하느님의 응답을 들을 수 없을 때, 심각한 불행이 우리 삶을 덮칠 때, 우리 또한 원망 섞인 목소리로 하늘을 향해 외치곤 합니다. "주여, 왜?" "주님, 어디에 계십니까?"

요한 복음사가도 이러한 사실을 잘 알고 있었습니다. 그는 분명히 말합니다. "아무도 하느님을 본 적이 없다."(요한 1,18). 하지만 거기서 멈추지 말라고 합니다. 더 나아가, 예수님을 바라보라고 합니다. 왜냐하면 한처음에 하느님과 함께 계셨던 말씀, "아버지와 가장 가까우신 외아드님 하느님이신 그분"(요한

1,18)께서 하느님이 어떤 분이신지 알려 주셨기 때문입니다.

예수님은 구유에서 십자가에 이르기까지 당신의 온 생애를 통해 하느님 아버지를 알려 주셨습니다. 하느님은 인간을 극진히 사랑하셔서 당신의 외아드님까지 내어 주신 분, 아드님 안에서 당신 자신을 온전히 내어 주신 사랑의 하느님이십니다. 그분은 사랑의 힘으로 악과 죽음의 세력을 이기는 분이십니다. 예수님 안에서 온 세상을 변화시키고 구원으로 이끄는 사랑의 힘을 발견할 수 있도록 마음을 열고 주님의 은총을 청합시다.

오늘, 나를 위한 질문

1. 나는 하느님을 어떤 분으로 알고 고백하고 있나요?
2. 나는 아기 예수님에게서 하느님의 따뜻한 사랑을 느끼고 있나요?

• 예수, 마리아, 요셉의 성가정 축일 •

더 큰 성가정을 위하여

섭리에 사는 성가정

"꿈에 주님의 천사가 나타나 말하였다."(마태 1,20).

나자렛 성가정하면 떠오르는 단어는 평화와 따뜻함, 아름다움, 사랑 등입니다. 그런데 이 가정이 겪은 일을 보면 그렇지가 않습니다. 처음부터 끝까지 놀라움 가득한 가정이었으며, 끊임없이 위기에 노출된 가정이었습니다.

이런 상황에서 요셉 성인이 했던 일은 다만 주님의 천사가 이끄는 대로 성가정을 주님께 맡겨 드린 것입니다. 그는 앞으로 어떤 일이 벌어질지, 어떤 위험이 도사리고 있을지 알지 못했지만, 모든 일이 주님의 섭리 안에서 이루어지고 있음을 알고 있었으며, 온몸과 마음으로 주님의 뜻에 귀를 기울였습니다. 세상이 요동을 쳤지만 그는 흔들리지 않았으며, 주님의 섭리에 의탁하며 성가정을 끝까지 지켜 낼 수 있었습니다.

요셉 성인의 모습은 성가정을 이루기 위해 우리 가정이 가야 할 길을 보여 줍니다. 예수님을 삶의 중심에 모시고 하느님의 뜻을 경청하며 가정의 운명을 하느님의 섭리에 내어 맡기는 것입니다. 요즘 한국 사회의 많은 가정이 심각한 분열의 위기에 처해 있습니다. 하지만 그 무엇도 가정을 파괴할 이유가 되어서는 안 됩니다. 가정은 하느님께로부터 오는 선물이기 때문입니다. 비록 힘든 시기를 보내는 가정이라 할지라도, 예수님을 삶의 중심에 모시고 사랑으로 함께 모여 기도하며 가정의 운명을 하느님의 섭리에 맡길 수 있다면, 위기는 지나갈 것이며 한층 더 성장한 가정을 발견할 수 있을 것입니다. '모든 것을 믿고 바라며 견디어 내고, 언제까지나 스러지지 않는 사랑'(1코린 13,7-8 참조)이 우리를 지켜 줄 것입니다.

우리 가정은 얼마나 자주 함께 모여 이야기하고 식사하며 기도합니까? 가족들 서로를 얼마나 잘 알고 있나요?

시메온과 한나에게 배우기

나자렛 성가정은 시련 속에서도 꿋꿋이 하느님께 의탁하며 전진했던 가정이었습니다. 성가정 축일, 나자렛 성가정은 각 가정에, 그리고 신학교나 수도 공동체에게 어떤 의미로 다가올까요?

나자렛 성가정은 가정이라는 작은 테두리 안에만 머무르지 않고, 더 큰 가정인 이스라엘 공동체 안에 머무르며 모세 율법, 전통에 따라 정결례를 거행하고자 예루살렘에 가서 예수님을 봉헌하고 제물을 바쳤습니다(루카 2,21-24 참조).

지금 이 시대의 가정은 위기에 처해 있습니다. 가족 간 결속이 약하디약한 상태인 데다가 가정을 지켜 줄 사회의 힘도 미약합니다. 그럴수록 가정을 돌볼 존재, '더 큰 가정'이 필요합니다. 교회가 바로 그 가정입니다. 그렇기 때문에 복음의 전파가 더 중요해졌으며, 신학교와 수도 공동체도 더 큰 가정으로서 역할을 해야 할 것입니다.

공동체가 더욱 거룩한 가정으로 성장하기 위해서는 어떻게 해야 할까요? 시메온과 한나 예언자에게서 영감을 얻고자 합니다. 나자렛 성가정이 예루살렘에서 예물을 바칠 때, 예수님을 몸소 뵙고 품에 안을 수 있는 기쁨을 누렸던 분들은 나이가 많은 두 어르신, 곧 오늘도 우리 주위에서 볼 수 있는 평범한 분들이었습니다. 이 장면은 거룩함이 특별한 것이 아닌 평범한 삶에 있음을 일깨우는 것이 아닐까 합니다. 나이 많음도 짐이 아닌 거룩함에 다가가는 길이 아닐까요? 그들이 오랜 삶을 통해 배운 '가난과 겸손'도 그 길 중 하나일 것입니다.

그러나 나이 많음 그 자체만으로 거룩함은 아닐 것입니다. 시메온은 의롭고 독실하며 이스라엘이 위로받을 때를 기다리는 이었습니다. 그는 동족이 겪는 시련과 고통을 잘 알고 함께 느끼며, 주님의 위로를 기다리며 희망의 끈을 놓지 않았습니다. 한편, 한나는 남편을 잃고 힘겨운 삶을 지내야 했던 과부였지만 성전을 떠나지 않고 단식과 기도를 통해 밤낮으로 하느님을 섬겼습니다. 한나는 이스라엘의 속량을 기다리는 이들과 하나 되어 있었습니다.

그들의 거룩함은 위로와 구원을 기다리는 이들 안에 머물러 함께 희망하고 기도하며 하느님의 약속에 대한 믿음으로 시련을 이겨 낸 데 있습니다. 우리 공동체가 더욱 거룩한 가정으로 성장하기 위해서는 더 큰 가정 공동체인 보편 교회의 전통 안에 깊이 뿌리내려야 할 것입니다. 또한 위로와 속량을 기다리는 한국인의 삶을 함께 나누며, 그들과 함께 하느님의 약속에 대한 믿음을 지속하고 계속해서 희망을 가져야 할 것입니다. 덧붙이자면, 진정한 희망은 하느님께서 우리를 끝까지 믿어 주신다는 것을 일깨우는 데 있습니다. 서로에게 신뢰로 다가가며, 희망을 찾아가는 새해를 가꿔 나가기를 바랍니다.

오늘, 나를 위한 질문

1. 나에게 가정은 어떤 존재입니까?
2. 가정의 거룩함을 지키기 위해 나는 어떤 노력을 해야 할까요?

• 송년 미사 •

시작이요 마침이신 내 삶의 주인께

"자녀 여러분, 지금이 마지막 때입니다."(1요한 2,18).

한 해의 마지막 날입니다. '마지막'이라는 것은 우리가 어떻게 경험하는 것일까요? '마지막'이라는 말은 흔히 인류의 종말이나 각자 생의 마지막 날을 떠올리게 하지만, 우리는 일상의 영역에서도 마지막을 경험합니다.

루게릭병에 걸린 어떤 신부님은 자신의 몸이 조금씩 굳어 가는 걸 보며 다시는 할 수 없는 생의 마지막 일들을 떠올리고, 그동안 살아온 삶을 돌아보며 가장 사소한 일상이 얼마나 아름답고 찬란한 기적이었는지 깨닫게 되었다고 하였습니다.

이는 엄청난 변화가 아닐까요? 변한 것은 하나도 없습니다. 병은 계속 진행될 것이고, 몸은 굳어져 이제 죽음을 향해 갈 것입니다. 그러나 그 모든 것을 '마지막'으로 받아들이는 마음이 세상을 변화시킵니다.

큰 수술을 앞둔 한 형제님께서 기도를 부탁하신 적이 있습니다. 평생을 떵떵거리며 누구 앞에서도 고개 숙이지 않고 자신 있게 살아왔던 그분은, 막상 큰 병에 걸려 수술 성공 가능성이 크지 않다는 사실을 알게 되자, 그제야 자신이 얼마나 하느님과 가족들로부터 큰 사랑을 받아 왔는지, 그리고 그 사랑에 얼마나 못되게 굴었는지를 깨닫게 되었다고 하셨습니다. 수술이 잘되어 더 살 수 있게 된다면, 남은 생을 빚을 갚으며 열심히 살고 싶다고 하셨습니다. 병은 형제님께 큰 위협으로 다가왔지만, 그것이 심판이 되어 그동안 보지 못했던 것을 보게 해 주었습니다. 변한 것은 하나도 없는데, 병을 통해 새로운 무언가를 발견한 것입니다. 그런 의미에서 심판은 기쁜 소식이 아닐까 생각해 보게 됩니다.

마지막 때 심판이 주는 은총은 바로 가난한 마음일 것입니다. 결국 삶이 내 것이 아님을 깨닫는 것입니다. 모든 것이 주어진 것일 뿐, 나는 잠시 관리할 뿐 영원한 나의 것은 없다는 사실을 깨닫는 것입니다. 빈손, 빈 마음으로 주도권을 하느님께 드리는 것입니다.

한 해의 마지막 날을 보내는 우리의 마음을 돌아봅시다. 다시는 오지 않을 올 한 해, 어떻게 보면 우리의 삶은 마지막의 연속이 아닐까요? 관건은 그 마지막을 얼마나 절실히 받아들이느냐는 것입니다.

쉬운 길은 없습니다. 내게 주어진 모든 것을 비우는 수밖에, 내려놓는 수밖에 없습니다. 그럴 때 진정으로 감사할 수 있습니다. 그리고 선물처럼 주어진 새해를 진정 평화롭고 희망차게 맞이할 수 있을 것입니다.

마지막은 시작이기도 합니다. 온전히 죽을 때 비로소 온전한 시작이 가능합니다. 그것이 세상을 새롭게 창조합니다. 존재를 주님께 맡겨 드린 이는 매일 새롭게 태어납니다.

내 삶이 오롯이 하느님 손에 있기에, 그분께서 하시는 일에 귀를 기울이게 됩니다. 그분의 활동 방식에 눈을 뜨게 됩니다. 그래서 서로를 위해 기도하고 축복할 수 있는 것입니다. 열린 미래이기 때문입니다.

오늘, 나를 위한 질문

1. 나에게 올해는 어떤 해였나요?
2. 오늘이 마지막 날이라면 나는 어떤 일을 하겠습니까?

• 한 해를 마감하고 새해를 맞으며 로마에서 쓴 편지 •

희망의 노래

성탄의 풍경들

한 해를 마감하고 새해를 시작하는 지금, 저는 지난 시간을 되돌아보기 위하여 작은 순례의 날을 마련하였습니다. 로마 시내의 몇몇 성당들을 방문하면서 복잡하고 다사다난했던 한 해와 늘 평화롭지만은 않았던 제 마음을 추스르고 정리해 보고 싶었습니다.

성 요한 바오로 2세 교황께서 시성하신 폴란드의 파우스티나 수녀님을 기념하는 바티칸 근처의 성 파우스티나 성당, 베네치아 광장 한켠에 위치한 성 마르코 성당, 베네치아 광장 뒤로 긴 계단을 올라가야 하는 하늘의 제단 성 마리아 성당, 마지막으로 아벤티노 언덕에 위치한 아주 오래된 성 사비나 성당

등을 순례했습니다. 이 모든 성당들은 복잡한 일상 속에서도 조용함을 잃지 않고 기도하는 순례객들을 맞이해 주었습니다.

그곳에서 저는 고요한 마음으로 기도하며 머무르고자 하였습니다. 몸과 마음이 지쳐 있었고, 아직 준비가 되어 있지 않다고 생각했는데, 마음속 깊은 곳에서부터 평화 같은 것이 밀려왔습니다. 마치 아무것도 하지 않고 그저 그곳에 머무르기만 해도 된다는 듯이 말입니다.

밖에는 많은 사람들이 지나가고 있었습니다. 세계 각지에서 온 관광객들, 성탄과 새해 축제로 설레어 보이는 사람들, 혹은 나름 여유롭게 광장 한켠에서 조용히 차를 마시는 사람들, 친구와 이야기하는 사람들도 보였습니다.

그런데 무슨 이유에서인지 문득 성당에 들어오기 전에 마주쳤던 사람들이 떠올랐습니다. 이른 새벽 베드로 광장 정면으로 통하는 길 한가운데에서 이불과 옷가지를 정성스럽게 개며 아침을 시작하던 노숙자와 그것을 바라보던 동료들, 성당을 오가는 사람들을 애처로운 눈으로 바라보던 아주머니와 그 품에서 잠든 아기, 그리고 그와는 상관없이 바쁜 발걸음을 재촉하며 어디론가 향하던 사람들, 아름답게 반짝이는 크리스마스트리와 휘황찬란한 거리의 상점들을 뒤로 하며 싸구려 비닐봉지 하나씩을 손에 쥔 채 추위에 옷깃을 여미며 집으로 돌아가던 많은 사람들….

다사다난했던 올해는 벌써 그렇게 하염없이 저물어 가고 있었습니다. 그런데 그 여러 가지 모습들이 대조되며 제 마음을 무겁게 짓누르는 이유는 무엇일까요?

그리스도인들은 큰 축제 중 하나인 성탄 대축일을 지내면서 함께 기쁨을 나누고 축하하며 새해의 덕담들을 주고받습니다. 하지만 도대체 무엇이 우리를 그렇게 기쁘고 희망차게 하는 걸까요? 성탄을 통해 오신 우리의 구세주는 과연 어떤 분이시며 어떠한 모습으로 계신 걸까요?

우리는 종종 즐거운 축제 자체와 축하하는 사람들에 둘러싸여 하느님께서 예수님의 탄생을 통해 우리에게 전하고자 하시는 깊은 뜻을 간과할 때가 많습니다. 매서운 추위 속 작은 고을의 한 마구간에서 구세주께서 탄생하셨다는 사실을 잊을 때가 많습니다. 우리의 구세주께서 아주 나약하고 여린 갓난아이의 모습으로 오셨다는 것을 잊을 때가 많습니다. 아무도 찾지 않는 누추하고 버림받은 곳, 세상의 축제 뒤에서 동물들이 쓸쓸한 나날을 보내는 곳이 우리가 기다리는 별이 떠오른 곳이라는 사실을 잊을 때가 많습니다. 가장 먼저 그분을 찾아와 만난 사람들은 그 당시 가장 천대받던 목자들이었음을, 아니 자신의 먹이통을 내어 드린 말들이 그들보다 먼저 인류의 구세주를 경배했음을 잊을 때가 많습니다. 그때는 아주 춥고 어두운 밤, 많은 위험이 도사리고 있는 밤이었음을 잊을 때가 많습니다.

희망의 실마리

이런 생각을 하면서 저는 성경에 나오는 많은 사람들을 떠올려 보았습니다. 어떤 사람들이 예수님과 만나 구원을 체험하고 변화되었을까요? 그들은 부유하거나 풍족한 사람들이 아니라 오히려 가난하고 굶주리며 헐벗은 사람들이었습니다. 마귀 들린 사람, 병자, 죽어 가는 사람, 사회와 이웃, 가족에게서 버림받은 사람들이었습니다. 이것은 무엇을 뜻할까요?

아주 단순하게도 그것은 우리가 지금 탄생을 경축하는 아기 예수님의 삶이 바로 그들과 함께하는 삶이었다는 사실입니다. 그것은 하느님 나라의 복음이 고상하고 성스러운 곳이 아닌, 악과 부조리, 죄가 공존하는 우리 삶의 한가운데에서부터 시작되었다는 사실입니다. 가장 버림받고 소외된 곳, 구원으로부터 가장 멀리 떨어져 있다고 사람들이 흔히 생각하는 곳에서부터 복음이 선포되었습니다. 우리가 기뻐하고 축하하며 기념하는 한 아기의 탄생이 우리뿐만 아니라 모든 이에게 진정 기쁜 소식일 수 있는 이유는 이제 하느님의 빛이 모든 사람의 삶, 특히 가난하고 버림받은 사람들의 비참한 삶을 비출 것이기 때문입니다.

이 희망의 메시지를 깨달으며 저는 문득 한 해의 마지막 날인 오늘 제가 마주쳤던 수많은 사람들, 특히 소외되고 슬퍼하며 희망을 보지 못할 것 같은 사람들을 떠올렸습니다. 그리고 그들이 그럼에도 불구하고 계속해서 살아갈 이유와 희망을 가질 수 있는 이유를 깨달았습니다. 그것은 그저 그런 삶도 삶으로서의 가치가 있고, 그들 또한 그 삶을 살 권리가 있다는 것입니다. 그것은 아기 예수님의 탄생을 통해 하느님께서 친히 그들과 함께하시고 그들에게 희망과 구원이 되어 주시기 때문일 것입니다.

우리 그리스도인들의 하느님은 초인적인 힘으로 마술을 부리듯이 우리를 죄와 부조리로부터 빼내 주시는 분이 아닙니다. 하느님은 친히 당신 아들을 사람이 되게 하시고 우리에게 보내 주시어, 우리가 지지리 못난 삶 한가운데서도 희망하고 의미 있게 살아갈 수 있도록 함께해 주시는 분이십니다. 이 모든 것은 아직까지 어느 누구도 미처 생각도 상상도 해 보지 못한 엄청난 희망의 메시지일 것입니다.

희망의 이름, 사랑

하지만 우리 안에 태어나신 작은 아기 예수님의 모습 속에서 인류의 구세주를 발견하기까지는 아직 시간이 필요합니다. 우리 삶 한가운데에서 희망의 목소리를 듣기 위해서도 시간이 필요합니다. 춥고 어두운 밤에 세상을 죄와 속박, 두려움으로부터 해방시킬 큰 빛, 그 옛날 동방 박사들이 찾아왔던 별빛을 발견하기 위해서는 여전히 시간이 필요합니다. 참된 희망은 예수님의 삶과 수난, 죽음을 통해 보여 주신 하느님의 사랑을 만나야 하기 때문입니다. 그 엄청난 사랑의 힘이 죽음과 죄로 둘러싸인 우리 어두운 삶을 꿰뚫고 부활의 큰 힘으로 다시 살아나기까지, 우리는 그분의 십자가에 동참하고 그 시련을 견뎌 내며 우리 사랑을 키워야 하기 때문입니다.

그렇습니다. 희망의 참된 이름은 사랑이었습니다. 작은 아기의 모습으로 오신 그분께서 당신의 온 삶을 통해 보여 주신 사랑은 세상에서 가장 아름다운 인간적인 사랑이자 신적인 사랑이었습니다. 끝까지 사랑하고 남김없이 내어 주며 후회 없이 사랑하는 그런 사랑이었습니다.

우리는 너무도 쉽게 성탄과 부활을 떼어 놓고 생각합니다. 하지만 성탄의 기쁨에만 젖어, 성탄이 그분께서 보여 주신 아름다운 사랑의 극치인 수난과 죽음, 부활과 연결되지 않는다면 우리가 서로 축하하고 기뻐하는 희망은 빈껍데기에 불과할 수 있습니다. 우리의 참된 희망의 실체는 아낌없이 남김없이 거저 주시는 하느님의 사랑이기 때문입니다.

성탄은 그런 의미에서 주님의 극진한 사랑, 온전한 내어 줌의 신비를 살기 위한 시작입니다. 또한 성탄은 탄생의 신비입니다. 주님의 탄생뿐 아니라 우리 각자의 탄생의 신비이기도 합니다. 우리는 그분의 사랑을 받기 위해 죽어야 하고 그분의 사랑으로 다시 태어나야 합니다. 그것만이 세상을 변화시키고 구원해 줄 수 있기 때문입니다.

성탄은 이렇게 세상의 새로운 창조의 시작입니다. 주님께서 친히 우리와 함께하시어 우리의 삶을 새롭게 창조하십니다. 구원이 이제 우리 각자의 삶에 구체적으로 시작되었습니다. 이 엄청난 희망의 소식이 우리의 삶 구석구석에서 울려 퍼지고 있습니다. 이제 성탄의 빛을 받은 우리는 그분의 사랑을 깨달아 그 사랑에 내 모든 것을 맡기려는 결심과 다짐으로 하루하루의 삶을 채워야 할 것입니다.

성탄의 빛으로 비추어 본 우리의 삶은 하느님 사랑을 찾아가는 여정입니다. 우리의 구원을 위해 태초부터 시작하시고 마련하신 하느님 사랑은 우리의 삶 구석구석에서 숨을 죽이며 우리의 동참과 결단을 기다리고 있습니다. 우리는 새해를 희망으로 시작하지 못했을 수도 있습니다. 이런저런 고민거리와 어려움, 이런 것들만 해결되면, 저런 사람들만 내 마음에 걸림돌이 되지 않으면 하는 마음이 있을 것입니다. 하지만 하느님께서는 우리에게 어떤 조건도 지우시지 않습니다. 우리가 좀 더 솔직하게 자신과 하느님께 다가가려는 마음, 좀 더 우리 신앙을 키우고 삶을 밝히며 그분께서 주시는 희망으로 삶을 윤택하게 하고픈 소박한 마음만 있으면 됩니다.

그리고 다음의 아무것도 아닌 동시에 엄청난 사실을 받아들여야 합니다. 우리가 기다리는 구원은 우리가 만드는 것이 아니라 아무 조건 없이, 정말로 아무런 조건도 없이 우리에게 주어진다는 사실 말입니다.

함께 부르는 희망의 노래

이제 새해를 시작하며 당신과 함께 희망의 노래를 부르고 싶습니다.

당신이 있는 곳이 어둡다고 느낀다면,
희망을 노래하십시오.
우리에게 오신 아기 예수님은
당신이 서 있는 바로 그곳에 태어나셨습니다.

당신이 지금 두려움에 떨고 있다면,
희망을 노래하십시오.
우리에게 오신 아기 예수님은
당신이 좌절하고 있는 바로 그곳에 태어나셨습니다.

당신이 갈피를 잡지 못하고 있다면,
희망을 노래하십시오.
우리에게 오신 아기 예수님은
바로 당신의 길을 비추시기 위해 태어나셨습니다.

당신이 지금 슬퍼하고 있다면,
희망을 노래하십시오.
우리에게 오신 아기 예수님은
바로 당신이 서 있는 자리에서

하느님 나라의 복음을 선포하셨습니다.

당신이 지금 아파하고 있다면,
희망을 노래하십시오.
우리에게 오신 아기 예수님은
바로 그 자리에서
생명과 참기쁨을 노래하셨습니다.

당신이 지금 절망하고 있다면,
희망을 노래하십시오.
우리에게 오신 아기 예수님은
당신이 주저앉아 있는 바로 그 자리에서
희망을 노래하셨습니다.

당신이 지금 혼자라고 느낀다면,
희망을 노래하십시오.
우리에게 오신 아기 예수님은
당신이 지금 외로움에 떨고 있는 올리브 동산에서
함께하셨습니다.

당신이 지금 괴롭고 버림받았다고 느낀다면,
희망을 노래하십시오.
우리에게 오신 아기 예수님은
바로 당신과 함께하시고자
사람에게 버림받고 십자가에 못 박히셨습니다.

절망에 빠져 괴로울 때,
희망을 보지 못하고 신앙을 잃어 갈 때,
구유와 십자가를 바라보십시오.
당신은 그 앞에서 모든 것을,
당신을 옭아매고 자유롭지 못하게 하는 것들까지도
그저 내려놓으십시오.

그리고 하느님의 사랑을 찾으십시오.
그분께서 사랑으로 비춰 주시는
평화의 등불이 밝아 옴을
깨달을 것입니다.
그리고 그 빛으로 다시 태어나
그분 사랑 안으로 들어갈 수 있을 것입니다.

그리고 명심하십시오.
오늘 시작하는 한 해,
하느님께서 바로 당신을 통해 이웃들에게
사랑과 평화의 등불을 밝히고자 하신다는 것을요.
아멘.

오늘도 찾고 고민하는 그대에게.

오늘, 나를 위한 질문

1. 나는 어떤 마음으로 새해를 맞이하고 있나요?
2. 나만의 '희망의 노래'를 지어 봅시다.

• 1월 1일 천주의 성모 마리아 대축일 •

하느님을 닮은 인간의 품위

사람아, 그대의 품위를 깨달으라!

1월 1일, 새하얀 도화지가 우리 앞에 놓여 있습니다. 새해 첫날에는 여러 생각들이 교차합니다. 새로 시작한다는 것, 새로 시작할 수 있다는 것은 얼마나 놀라운 일입니까? 또한 그것은 얼마나 힘든 일인가요!

놀라운 일입니다. 오늘 우리가 하는 모든 일이 새해 처음으로 하는 일들이 되니 말입니다. 그만큼 아주 작은 일상의 일들이 소중하게 다가옵니다. 일어나 씻고 인사를 건네고 식사를 하고 사람들을 만나고 길을 걷고 차를 타고…. 정말 모든 것이 새로운 시작입니다! 이 소중한 새 마음이 오래오래 소중히 간직되기를 기원합니다.

"주님, 삼 일마다 오소서." 신학원에서 공부하신 어떤 자매님께서 과제물에 쓰신 내용입니다. 무슨 말인고 하니 작심삼일이라 결심을 해도 마음이 자꾸 해이해지니, 주님께서 삼 일마다 오셔서 새로 마음을 먹도록 도와 달라는 말씀이었습니다. 모쪼록 오늘 먹는 그 마음대로 주님께 의탁하며 한 해를 정성껏 살아가시기 바랍니다.

1월 1일은 천주의 성모 마리아 대축일입니다. 성탄 시기 한가운데에 이 축제를 지내는 이유가 있습니다. '하느님의 어머니'라는 성모님에 관한 교의Dogma는 실은 예수님의 신원에 관한 고백입니다. 이 교의에 따르면 예수님은 온전히 인간이신 동시에 온전히 하느님이십니다. 어느 이단이 주장한 것처럼 인간보다는 위대하지만 하느님은 아니신 어떤 중간적 존재가 아니라, 하느님과 똑같으신 분, 하느님이신 분이라는 말씀입니다. 그것도 온전히 인간이심을 유지하신 채 말입니다. 이 얼마나 믿기 어려운 신비입니까! 또한 얼마나 놀랍고 기쁜 신비입니까! 생각해 보셨나요? 예수님이 인간이 아니셨다면, 그분의 삶이 우리와 무슨 상관이 있었을까요! 예수님이 하느님이 아니셨다면? 그분의 구원이 과연 우리를 구원할 수 있었을까요?

"아무도 하느님을 본 적이 없다. 아버지와 가장 가까우신 외아드님 하느님이신 그분께서 알려 주셨다."(요한 1,18). 그렇습니까? 그렇게 믿습니까? 예수님께서 하느님이시라는 것을? 성경에 나오는 말씀인데 우리는 종종 잊곤 합니다. 요한 복음서 1장을 펼쳐 봅시다. 우리가 수없이 들었던 말씀입니다.

"한처음에 말씀이 계셨다. 말씀은 하느님과 함께 계셨는데 말씀은 하느님이셨다."(요한 1,1). 그렇습니다. 예수 그리스도께서 하느님이시라는 말씀입니다. 참으로 심오한 말씀입니다. 하느님이신 그분께서 하느님으로서의 자격을 내려놓으시고 우리와 똑같은 인간이 되셨다는 말씀입니다. 우리와 똑같은 인간이! 그런데 이것이 우리와 무슨 상관일까요?

발터 카스퍼 추기경님은 저서 『사람아, 그대의 품위를 깨달으라』(생활성서사, 2016)라는 책에서 레오 대교황님의 문장을 인용해 이렇게 말합니다. "오, 그리스도인이여, 그대의 품위를 깨달으십시오. 여러분이 하느님의 본성에 참여하게 되었음을 명심하십시오!" 이것은 우리 인간 존재가 하나의 신비라는 사실을 밝혀 주는 말씀입니다. 하느님께서 인간이 되어 오신 것은, 우리를 향한 그분의 사랑이 얼마나 위대하신지를, 그리고 하느님의 본성에 참여할 수 있게 된 우리의 나약한 인간성이 얼마나 존귀한지를 알려 주는 메시지입니다.

우리 존재 자체가 신비라는 말씀을 정말로 믿으십니까? 우리가 신비스러운 존재라니요! 내 옆에 앉아 있는 이웃, 내 집에 함께 살고 있는 가족들, 그리고 나 자신이 아직 그 본모습을 드러내지 않은 신비라는 사실! 우리 존재가 하느님의 계획 안에 자리하고 있다는 것, 나를 위한 계획이 당신 아드님을 통해 실현될 것이라는 사실, 우리는 정말 그것을 믿고 있습니까? 믿는다면 그 믿음 안에서 그리 실현될 것입니다. 아멘!

주님의 탄생을 일러 줄 천사가 나타나는 신비로운 광경을 목격한 목자들은 천사의 말대로 포대기에 싸여 구유에 누운 아기 예수님을 발견합니다. 포대기에 싸여 구유에 누워 계신 구세주라니, 과연 믿을 수 있는 일입니까? 하느님이 인간이 되어 오셨다는 사실이? 그것도 가장 가난하고 나약한 아기의 모습으로? 하지만 우리의 우려와는 달리 천사의 인도를 받아 예수님의 탄생을 목격한 목자들은 하느님을 찬양하고 찬미하며 돌아갔다고 합니다.

그런데 목자들의 이야기가 바로 우리 각자의 이야기라는 사실을 아십니까? 우리도 모두 구유에 경배를 드렸습니다. 천사가 일러 준 대로 우리도 포대기에 싸여 구유에 누워 계신 아기 예수님을 보았고, 그분께 경배를 드리고 예물을 봉헌하였습니다. 그것도 보이지 않는 천사의 인도를 받아 그리 되었습니다. 그런데 목자들처럼 우리도 하느님을 찬양하고 찬미하며 살고 있습니까? 그분을 만난 우리의 삶이 잔치요 기쁨의 축제가 되었습니까? 아닙니까? 왜 그렇습니까?

그것은 성탄의 의미 곧 하느님께서 인간이 되어 오신 사건이 의미하는 바를 아직 깊이 깨우치지 못했기 때문일 것입니다. 하느님께서는 인간을 사랑하시어 우리와 똑같이 나약하고 가난한 모습으로 오셔서 인간의 모든 것을 당신 것으로 하셨습니다. 우리의 나약한 인간성이 하느님의 크신 사랑의 힘으로 회복되어 하느님의 본성에 참여할 수 있도록 하기 위해서입니다. 그래서 우리는 신비로운 존재입니다. 매일이 주님께서 주시는 축복의 선물이며 기적의 나날들입니다. 그런데 왜 우리는 매일을 축제처럼 지내지 못할까요? 인간적인 탐욕 때문이 아닐까요? 증오와 시기, 미움 등의 부정적인 감정의 굴레에서 벗어나지 못해 헤매고 있기 때문은 아닐까요? 하루하루를 하느님의 선물로 받아들이지 못하고, 나 자신에 집착하고 매여 있기 때문은 아닐까요? 주님께 온전히 의탁하지 못하고, 스스로 무언가를 해내려고 꼭 쥔 손을 풀지 못하기 때문은 아닐까요?

하느님께서 인간이 되어 오셨습니다. 가장 낮은 자의 모습으로, 온갖 위험에 노출된 상태로 가난하고 겸손하게 오셨습니다. 우리 역시 그 가난과 겸손으로 하느님처럼 되도록 하기 위해서입니다. 가난하고 겸손한 삶이란 오로지 주님께만 의탁하는 신앙의 자세입니다. 모든 것을 그분께 맡겨 드리고 포기하며 내려놓을 수 있는 삶의 자세입니다. 놀라운 것은 우리가 그렇게 가난하고 겸손하며 온유하고 관대해졌을 때 비로소 우리 안에서 하느님의 권능이 활동하신다는 사실입니다. 우리 삶에 놀라운 일들이 일어난다는 사실입니다.

천주의 성모 마리아 대축일을 지내며, 주님께서 우리 안에 오시어 우리의 고귀한 품위를 회복시키셨음을 기억합시다. 그리고 아기 예수님의 가난하고 온유한 마음을 청합시다. 아기 예수님의 맑고 온화한 미소가 우리 마음을 맑게 정화하고 우리 얼굴에 온화한 미소로 번지도록 청합시다. 분노와 고함과 욕정 따위는 뒤로하고, 화해와 평화와 기쁨을 향해 나아갑시다. 올 한 해, 우리 모두의 가정에 주님의 은총이 충만하기를 바라며 함께 기도합시다.

경이로운 존재인 인간

"롬므, 메르베유 드 디유L'homme, merveille de Dieu" '하느님께

'경이로운 존재인 인간'이라는 뜻의 이 문구는 프랑스의 저명한 예수회 신학자 세스부에가 그리스도교 인간학에 관한 자신의 저서에 붙인 제목입니다. 안타깝게도 아직 국내에는 번역되지 않았지만, 그리스도교 신앙의 핵심을 잘 표현해 주는 아름다운 문구라고 생각합니다. 하느님께서 보고 경탄할 만큼 소중한 존재인 인간! "롬므, 메르베유 드 디유!"

온 인류를 향해 그리스도교 신앙이 전하는 참된 기쁜 소식은, 인간이 하느님 눈에 그토록 경이롭고 고귀한 존재라는 사실입니다. 더더욱 기쁜 소식은, 하느님께서 인간과 친교를 나누기 위해 직접 인간이 되어 오셨다는 것입니다. 때로 비참하고 초라하게 보이는 인간이 하느님의 눈에 경이로운 존재인 이유는, 하느님께서 우리를 손수 지으셨을 뿐 아니라, 각자의 아름다운 삶의 이야기를 그분과 함께 만들어 갈 수 있도록 우리를 자유롭게 창조하셨기 때문입니다.

성탄이 전하는 메시지의 핵심은 바로 이것입니다. 하느님께서 무한한 거리를 뛰어넘어 인간의 역사 안으로 들어오셨습니다. 그분의 생명이 우리 삶에 스며들도록 하시고, 우리 삶의 안식이 되어 주시기 위해서, 우리가 당신과 함께 '파스카' 곧 진정한 자유와 사랑을 향한 '탈출기'를 써 나가도록 하시기 위해서입니다.

성탄과 천주의 성모 마리아 대축일의 진정한 의미는 하느님이 사람이 되어 오셨다는 것, 그리고 인간이 하느님의 본성에 참여할 수 있게 되었다는 것입니다. 우리는 하느님의 자비를 입은 사람, 그분의 사랑을 받는 사람, 그분께서 지으시고 함께 할 계획을 세우신 존재들이란 사실을 믿고 있나요?

> **오늘, 나를 위한 질문**

1. 내가 하느님 본성에 참여하도록 초대받았음을 믿고 있나요?
2. 우리 존재 자체가 하느님의 계획 안에 자리하고 있다는 것, 나를 위한 계획이 예수님을 통해 실현될 것이라는 사실을 정말 믿고 있나요?

• 1월 2일 •

진정한 성탄 맞이

성탄의 어디쯤에 와 계신가요? 성탄 시기를 살고 있지만, 아직 대림에 머물고 있는 것은 아닌지 모르겠습니다. 대림에서 성탄으로의 여정은 자동으로 이루어지지 않습니다. 우리가 주님을 우리 삶에 맞아들일 준비를 갖추지 못한다면, 주님께서 우리 안에 새로 태어나지 않으신다면, 우리는 여전히 대림 시기를 보내고 있는 것입니다.

우리의 처지는 요한 복음서 1장 '세례자 요한의 증언' 대목에 나오는 사제들, 레위인들과 크게 다르지 않습니다(요한 1,19-28 참조). 주님께서 오셨지만, 그들은 그분을 맞이하지 않았습니다. 우리도 그들 틈에 끼어 있을지도 모릅니다.

그런 의미에서 대림에서 성탄으로의 여행은 늘 진행 중입니다다. 그분을 맞이하는 일을 방해하는 무언가가 늘 우리 안에 존재합니다. 어떻게 하면 방해물을 딛고 그분을 우리 삶에 맞아들일 수 있을까요? 오늘 복음은 그에 대한 답이 '진실된 마음으로 주님을 찾는 데'에 있다고 말하는 듯합니다.

"당신은 누구요?" 사제들과 레위인들은 세례자 요한을 찾아와 그가 누구인지 물었습니다. 그들은 '찾는 사람'이 아닌, 남의 일을 대신하는 심부름꾼이었습니다. 세례자 요한은 주님을 증언하였지만, 그들은 요한의 증언에 귀를 기울이지 않았습니다. 그들은 다만 요한이 누구인지 알고자 하였습니다. 그들을 보낸 사람들에게 답을 해야 했기 때문입니다.

세례자 요한은 자신을 '광야에서 외치는 이의 소리'라고 밝히며 그들의 시선을 자신이 아닌 예수님께 향하도록 합니다. "그런데 너희 가운데에는 너희가 모르는 분이 서 계신다. 내 뒤에 오시는 분이신데, 나는 그분의 신발 끈을 풀어 드리기에도 합당하지 않다."(요한 1,26-27). 그러나 그들은 진정 '찾는 사람'이 아니었기 때문에 결국 예수님을 만날 수 없었습니다.

세례자 요한은 우리 가운데 계신 분을 증언하며, 우리가 그분을 찾고 직접 만나도록 촉구합니다. 찾아 나설 때 그분을 만날 수 있기 때문입니다.

지난해를 돌아봅니다. 어디에 드러낼 만큼 대단하지는 못했던 삶, 허물과 상처로 가득한 삶…. 그런데 잘 살펴보면, 우리가 무언가를 찾고 있었음을 알게 됩니다. 우리는 길 위에서 많은 사람을 만났고, 많은 일을 겪었으며, 여러 갈림길과 굽이굽이 도는 길을 거쳐 여기까지 왔습니다. 힘겨웠지만 안주하지 않고 삶을 의미 있는 것으로 가꾸기 위해 여기까지 왔습니다. 비록 비천하고 보잘것없어 보일지라도, 우리 삶은 의미와 가치가 있고 살아갈 이유가 있습니다. 그분께서 그런 우리를 찾아오셨고, 우리를 저 먼 곳을 향해 불러 주시기 때문입니다.

성탄은 우리의 삶을 찾아오신 분을 만나도록 합니다. 그분께 마음을 열도록 합니다. 비천함을 굽어보신 바로 그분, 우리 안에 큰일을 이루고자 하는 분을 말입니다. 이제 그분께 마음의 문을 활짝 열어젖힙시다.

> **오늘, 나를 위한 질문**
>
> 1. 나는 무엇을 찾아 여기까지 왔나요?
> 2. 이제 나는 무엇을 찾아 떠나야 할까요?

진정한 성탄 맞이

• 1월 3일 •

온전히 내어 주는 사랑

새해에는 예수님을 더 잘 알기 위해 노력할 것을 다짐하고는 합니다. 세례자 요한에게서 볼 수 있는 것처럼, 예수님을 아는 것과 나 자신을 아는 것은 결코 동떨어진 것이 아니라 언제나 함께 가는 것입니다.

예수님은 어떤 분이십니까? 세례자 요한이 말합니다. "보라, 세상의 죄를 없애시는 하느님의 어린양이시다."(요한 1,29). 요한의 첫째 서간에도 같은 내용이 있습니다. "여러분도 알다시피, 그분께서는 죄를 없애시려고 나타나셨던 것입니다."(1요한 3,5).

새해를 시작하는 우리에게 교회는 죄를 없애기 위해 오신 예수님과, 죄에 물들고 죄로 속박된 삶을 사는 우리 자신의 모습을 바라보도록 전례를 통해 초대합니다. 어떤 이들은 죄를 짓지 않았기 때문에 고해성사가 너무 부담스럽다고 말합니다. 정말 그럴까요? 죄를 짓지 않은 사람이 있을까요?

무엇보다 '죄란 어떤 것일까?' 하고 물어야 할 것입니다. '죄'의 모습은 그야말로 다양합니다. "사는 게 죄지요!" 맞습니다. 사는 게 죄입니다. 하지만 이렇게도 말합니다. "모든 것이 은총이지요!" 어떤 이에게는 사는 게 죄이지만, 어떤 이에게는 모든 것이 은총이기도 합니다.

죄를 '죄들의 목록'으로 여길 수 있습니다. 하지만 사실 '죄'는 죄들의 목록보다 훨씬 큰 어떤 것입니다. 죄가 진짜 어떤 것이며, 얼마나 심각한 것인지 나약한 죄인인 우리는 알 수 없습니다. 세례자 요한은 솔직히 말합니다. "나도 저분을 알지 못하였다."(요한 1,33). 오직 죄 없으신 분, 티 없이 맑고 깨끗하신 분만이 그 죄가 어떤 것인지 알게 해 주십니다.

죄는 보통 우리의 마음과 생각 속에 있지만, 그보다 훨씬 현실적입니다. 십자가 위 예수님의 상처 입고 일그러진 모습은 죄가 얼마나 현실적이며 얼마나 우리의 인간적인 모습을 망가뜨리는지, 그 심각성을 일깨워 줍니다. 죄 없으신 분, 사랑 그 자체이신 분께서 죄로 인해 상처를 입고 죽임을 당하셨기 때문입니다.

우리를 알기 위해서는 예수님을 알아야 하듯, 죄가 어떤 것인지를 알기 위해서는 죄로 인해 상처 입은 예수님, 그분의 상처와 고통을 잘 알아야 합니다. 우리가 죄에서 해방되기 위해서는 죄가 어떤 것인지 바라봐야 합니다. 얼마나 심각한 것인지 보아야 합니다. 우리 각자의 내면이 죄로 인해 얼마나 일그러져 있는지 알아야 합니다. 십자가 앞에서 말입니다.

예수님의 사랑, 그분의 십자가는 우리가 환상에서 깨어나 현실로 돌아오도록 하는 힘이 있습니다. '계시하는 힘'이라고 말할 수 있습니다. 그 앞에서 우리의 죄가 그 본래 모습을 드러냅니다. 죄의 본질은 사랑에 대한 거부입니다. 나에게 말씀을 건네시는 그분의 음성에 귀를 막음입니다. 나의 마음에 노크하는 손길에 대한 외면입니다.

세상의 죄란, 그처럼 우리가 사랑에 마음을 닫고 살도록 하는 모든 것을 의미합니다. 마음을 열고 친교를 통해 관계 안에서 성장하는 것을 가로막는 모든 것들입니다. 미움과 증오, 갈등, 시기, 질투, 위선, 가식…. 이 모든 것은 자신을 열고 진정한 친교로 나아가는 우리를 가로막습니다.

새해를 시작하며, 죄로 물들어 있던 우리 스스로를 의식합시다. 우리가 얼마나 죄의 사슬에 묶여 있는지, 그 안에서 얼마나 서로를 옭아매고 상처를 주는지 의식합시다. 주님께서 세상의 죄를 없애시기 위해 이 세상에 오셨습니다. 그것은 온전히 당신 자신을 내어 주시는 사랑을 통해서입니다.

주님께서는 인간을 구원하시기 위해 연약한 인간성을 당신 것으로 하셨습니다. 우리가 죄로부터 진정으로 해방되기 위해서는, 우리를 향한 주님의 깊은 사랑에 마음의 문을 열어야 합니다. 자신을 온전히 내어 주시는 주님의 그 사랑만이 해방하고 구원하는 힘을 지니고 있습니다. 그 사랑만이 우리의 잠을 깨우고 현실에서 살아가도록 합니다. 우리를 진정으로 자유롭게 합니다. 자유롭게 사랑을 알아보고 자유롭게 사랑에 응답하도록 합니다.

이 시간, 예수님의 사랑, 우리 각자를 향한 그분의 사랑을 더 깊이 깨닫습니다. 우리가 그동안 얼마나 경계심을 품고 우리 스스로를 닫고 살아왔는지, 얼마나 메마르게 지내 왔는지 살펴봅시다. 그리고 지금도 우리 마음의 문 앞에서 문을 두드리고 계신 주님의 음성에 귀를 기울입시다. 우리 안에 머물고자 하시는 그분의 사랑에 마음의 문을 열어 드립시다. 우리 인생에서 필요한 단 하나, 그것은 그분께 마음을 열고 그분과 마음이 오가는 사랑의 대화와 친교를 나누는 것이며, 그 사랑 안에서 성장하는 것입니다. 주님처럼 더 자유로워지는 것입니다.

> **오늘, 나를 위한 질문**

1. 예수님의 십자가 앞에서 나는 어떤 죄인의 모습으로 드러납니까?
2. 나의 죄에도 불구하고 나를 사랑하시는 주님의 마음을 신뢰할 수 있나요?

• 1월 4일 •

찾는 사람들

무엇을 찾느냐

성탄 시기, 우리는 아기 예수님의 탄생을 경축하는 동시에 하느님께서 우리 삶에 들어오셨음을, 우리의 기대를 저버리지 않으시고 약속된 메시아로서 하느님께서 우리 안에 오셨음을 경축합니다. 성탄의 기쁜 소식은 베들레헴의 마구간에 머물지 않고 저 먼 이국땅 이집트를 거쳐 이방인의 땅 갈릴래아에 이르기까지, 그리고 오늘 우리의 삶으로까지 전해집니다.

그러나 그 소식이 모든 이에게 같은 온도로 다가오지는 않습니다. 성경은 그분을 찾아 나선 사람들의 이야기를 전해 줍니다. 예수님을 맨 먼저 발견한 사람들 가운데에는 동방에서 별을 좇아 길을 나선 박사들이 있었습니다. 밤을 지새우며 양

때를 지키다 천사의 인도를 받고 베들레헴으로 주님을 찾아갔던 목자들도 있었습니다. 그들은 모두 '찾는 사람'이었습니다. 그들은 찾았고, 그래서 발견했습니다. 찾는 사람이라야, 찾아 나서야 발견할 수 있는 것입니다.

요한 복음서에 예수님의 첫 제자들 이야기가 전해집니다(요한 1,35-42). 당신을 따라오는 이들에게 예수님께서 말씀을 건네십니다. "무엇을 찾느냐?" 스승님께서 묵고 계신 곳을 묻는 요한의 제자들에게 예수님께서 말씀하십니다. "와서 보아라."

가슴을 뜨겁게 하는 말이 있습니다. 잠자던 영혼을 깨우고, 식은 가슴에 불을 지피는 말입니다. "무엇을 찾느냐?" "와서 보아라." 스승의 이 말씀은 제자들의 영혼을 깨우고 가슴을 뜨겁게 한 말씀이었을 것입니다. 그리고 그 말씀은 우리를 향합니다. "무엇을 찾느냐?" "와서 보아라."

존재를 밝혀 주는 물음

우리는 신앙에서 답을 찾고자 하지만, 성경은 우리에게 답보다는 질문을 던집니다. 그 질문에 귀 기울이는 사람은 은총에 응답하는 신앙의 여정으로 들어섭니다.

예수님을 따라간 요한의 두 제자는 찾는 사람들이었습니다.

찾는 그들에게 주님께서 무엇을 찾느냐고 물으십니다. 그들은 그분의 물음에 응답하였고, 주님과 함께 머무를 수 있었습니다. 이는 제자들에게 잊지 못할 첫 만남이었습니다.

주님께서 우리에게 물으십니다. "무엇을 찾느냐?" 스스로에게 물어봅시다. '나는 무엇을 찾고 있는가?' '나는 내 시간과 정신과 힘을 어디에 쓰며 왜 거기에 쓰고 있는가? 거기에서 무엇을 찾으려고 하는가?' 내가 찾는 것은 삶에서 드러납니다.

그래서 예수님께서 그것에 대해 스스로 묻도록 하십니다. 그 질문으로 나는 나를 이전과 달리 바라보게 됩니다. 내가 하는 일과 생각, 만남, 사건에 대한 나 자신의 반응을 눈여겨보게 됩니다. 나는 갖가지 종류의 찾고 싶은 것들 속에서 헤매고 있지는 않은지요?

"무엇을 찾느냐?" 나는 정말로 '찾는 사람'입니까? 복음에 나오는 제자들처럼, 내 인생의 주님을 찾고 있습니까? 나의 삶을 바칠 분을 찾고 있습니까, 아니면 다른 곳에 마음을 빼앗긴 채 살아갑니까?

"무엇을 찾느냐?" 이제 이렇게 답할 수 있으면 좋겠습니다. '주님, 저는 당신을 찾습니다. 제 인생의 주님이시며 저의 온 존재를 맡겨 드릴 분, 저의 존재를 받아 주실 분, 저를 위로하고 다독거려 주실 분…. 주님, 당신을 더욱 잘 알게 해 주소서. 저를 눈여겨보시는 당신을 제가 눈여겨볼 수 있도록 이끌어 주소서. 그리하여 당신과 함께 머무를 수 있기를 청합니다.'

주님을 처음 만났던 때

예수님을 처음 만난 제자들의 이야기가 이어집니다. 얼마나 강렬한 만남이었기에, 그 시간까지 기억할까요! "때는 오후 네 시쯤이었다."(요한 1,39).

예수님을 처음 만난 때를 기억하나요? 우리는 기억하지 못해도 주님께서는 기억하실 것입니다. 주님께서 나를 바라보시고 눈여겨보시며 말씀을 건네십니다. "너는 바오로구나, 앞으로 너는 나와 함께 일할 것이다." "너는 하늘이 열리고, 천사가 오르내리는 것을 볼 것이다."

우리 삶에 주님께서 찾아오시고, 우리를 하늘과 연결해 주시며, 하늘로 인도해 주십니다. 성탄은 그것을 기억하는 때입니다. 우리가 너무 잊고 살아온 그 일, 우리 삶에 시작된 그 일을 말이죠.

주님께서 우리를 축복하십니다. 올 한 해를, 우리가 하는 모든 일을 축복하십니다. 축복은 돈이나 물질이 아닌 마음이며 사랑입니다. 관심이며 응원입니다. 주님께서는 우리가 잘되고 잘 살며 성공하고 기뻐하기를 바라십니다. 그리고 우리가 축복으로 얻은 것을 이웃 형제와 나누기를 바라십니다.

함께 묵상합시다. "누구든지 세상 재물을 가지고 있으면서도 자기 형제가 궁핍한 것을 보고 그에게 마음을 닫아 버리면, 하느님 사랑이 어떻게 그 사람 안에 머무를 수 있겠습니까? 자녀 여러분, 말과 혀로 사랑하지 말고 행동으로 진리 안에서 사랑합시다."(1요한 3,17-18).

오늘, 나를 위한 질문

1. 나는 '무엇을 찾느냐?'라는 질문에 어떻게 답할 것인가요?
2. 나는 주님을 언제 처음으로 만났나요?

• 1월 5일 •

우리 안의 하늘 문

새해를 맞아 신앙생활을 새롭게 하고 삶을 새롭게 가꾸기로 다짐하였다면, 가장 중요한 단 한 가지에 집중합시다. 바로 예수님을 아는 것입니다. 나의 삶에서, 나의 신앙 여정에서, 그분을 언제 더 가까이, 깊이 만나고 알게 되었나요?

우리는 기억하지 못해도 그분은 기억하십니다. 예수님은 이미 나타나엘을 만나기 전에 그를 눈여겨보셨습니다. 그리고 그분의 눈길은 나타나엘만이 아닌, 모든 인간을 향합니다. 그분이 오신 이유가 바로 그것이기 때문입니다. 그분은 우리 각자와 만나 친구가 되어 친교를 이루며 함께 길을 걷기 위해서 오셨습니다. 이 얼마나 기쁜 소식이며, 우리가 종종 잊고 사는 소식입니까!

기쁜 소식은 거기서 멈추지 않습니다. 나타나엘은 하늘이 열리고 천사들이 예수님 위로 오르내리는 것을 보게 될 것이라는 말씀을 들었습니다.

그렇습니다. 그분의 강생과 함께 하늘이 열렸습니다. 이제 하늘로 올라가기 위해 저 먼 하늘을 바라볼 필요가 없습니다. 왜냐하면 하늘이 내려와 땅에 맞닿았기 때문입니다. 우리 안에 오신 분, 우리 안에 열린 하늘 문…. 이제 우리는 그분과 함께 그 열린 하늘 문으로 들어가도록 안내받고 있습니다. 그 문으로 들어갈 수 있는 유일한 방법을 요한의 첫째 서간 말씀에서 찾을 수 있습니다.

"그분께서 우리를 위하여 당신 목숨을 내놓으신 그 사실로 우리는 사랑을 알게 되었습니다. 그러므로 우리도 형제들을 위하여 목숨을 내놓아야 합니다."(1요한 3,16).

이 말이 너무 무겁게 느껴지는 사람을 위해 다음의 말을 덧붙입니다.

"누구든지 세상 재물을 가지고 있으면서도 자기 형제가 궁핍한 것을 보고 그에게 마음을 닫아 버리면, 하느님 사랑이 어떻게 그 사람 안에 머무를 수 있겠습니까?"(1요한 3,17).

하느님께서 바라시는 것은, 우리가 가진 것의 노예가 되지 않고 마음을 열고 나누며, 그럼으로써 자유로운 자녀가 되는 것입니다. 가식과 위선으로 자기를 드러내거나 자신을 속이는 사람이 아니라, 삶 그 자체로 진리와 사랑에 속하는 사람이 되는 것입니다.

"자녀 여러분, 말과 혀로 사랑하지 말고 행동으로 진리 안에서 사랑합시다. 이로써 우리가 진리에 속해 있음을 알게 되고, 또 그분 앞에서 마음을 편히 가질 수 있을 것입니다."(1요한 3,18-19).

올 한 해, 우리 안에 이미 오신 주님을 더 깊이 알고 더 사랑할 수 있기를 청합시다. 우리 안에 열린 하늘 문으로 돌아옵시다. 그것은 우리 각자의 삶에서 보여 주시는 주님의 지극한 사랑입니다. 그분을 만나 진정한 자유와 사랑을 깨달을 수 있기를 청합시다.

오늘, 나를 위한 질문

1. 나는 주님께서 나를 눈여겨보고 계심을 느끼고 있나요?
2. 주님께서 내 삶에 하늘 문을 열고 계심을 인지하고 있나요?

• 1월 6일 •

겸손 3종 세트

예수님께서 세례자 요한에게 세례를 받으셨습니다. 성령께서 그분 위에 내려오시고, 하늘에서 소리가 들려옵니다. "너는 내가 사랑하는 아들, 내 마음에 드는 아들이다."(마르 1,11).

하느님 아버지께 아들 예수님은 사랑스러운 아들, 마음에 드는 아들입니다. 부모가 자식을 안아 들 때 행복과 기쁨에 겨워 감동을 느끼는 것처럼, 예수님도 하느님 아버지께 그런 존재셨습니다.

아버지와 아드님 간 사랑의 관계는 예수님께서 세례를 받으신 순간에 특별히 드러납니다. 세례가 가진 의미 때문입니다. 왜 하느님의 아드님께서 세례를 받으셔야 했을까요? 죄도 없으신 분께서? 예수님께서 세례를 받으신 것은, 아버지의 뜻을 따라 죄 많은 인간의 역사 안으로 들어오셨다는 의미입니다. 이로써 예수님은 아버지의 사랑을 닮은 사랑으로 인간의 죽을 운명, 비천함과 연약함을 온전히 당신 것으로 받아들이신 것입니다.

이제 인간의 역사는 하느님의 구원 역사와 따로 존재하지 않습니다. 그분께서 우리 인간의 역사를 친히 당신 것으로 하셨기 때문입니다. 겸손하신 하느님, 자신을 낮추시어 우리와 똑같이 되신 하느님, 그것이 하느님의 존재 방식이며, 하느님 자녀인 우리의 존재 방식이어야 합니다.

마르코 복음서 1장에는 '겸손 3종 세트'가 마련되어 있습니다. 먼저 세례자 요한의 말씀입니다. "나는 몸을 굽혀 그분의 신발 끈을 풀어 드릴 자격조차 없다."(마르 1,7). 다음으로 예수님께서 물로 내려가 잠기시는 장면입니다. 그리고 하늘에서 성령이 비둘기 모양으로 예수님께 내려오시는 장면입니다. 이 겸손과 낮춤에는 '사랑'이 담겨 있습니다. 그 사랑을 보고 하늘에서 음성이 들려왔습니다. "너는 내가 사랑하는 아들, 내 마음에 드는 아들이다."(마르 1,11).

성탄은 하느님의 자기 낮춤의 신비, 하느님의 겸손을 묵상하도록 초대합니다. 하느님의 아드님, 높은 곳에서 영광 중에 계셔야 할 전능하신 분께서 가장 낮고 누추한 곳으로 힘없고 나약한 인간이 되어 내려오심은, 우리의 처지를 헤아리시고 가슴속 이야기에 공감하시며 힘이 되어 주시려는 것입니다. 그렇게 우리를 살리시어 우리가 영원히 살도록 하시려는 것입니다.

요한의 첫째 서간 5장 '생명'에 관한 말씀은 "하느님께서 우리에게 영원한 생명을 주셨고 그 생명이 당신 아드님에게 있다는 것"(1요한 5,11), 우리가 "영원한 생명을 지니고 있음"(1요한 5,13)을 일깨웁니다.

이 생명을 돌보고 키우는 길은 바로 하느님의 겸손을 사는 삶입니다. 하느님의 겸손이란 억지로 굽신거리고 몸을 낮추는 것이 아니라 사랑으로 낮아져 하나 되는 것입니다. 우리도 그분처럼 겸손하게 어려운 처지에 놓인 사람, 가난하고 소외된, 특히 병마와 싸우며 외롭고 절망스런 나날을 보내는 사람에게 다가가, 그들의 마음속 이야기를 듣고 공감하며 함께 기도하고 곁에 있어 주어야 하지 않을까요?

오늘, 나를 위한 질문

1. 나는 '하느님의 겸손'에 대해 어떻게 생각하나요?
2. 내가 실천할 수 있는 겸손의 길에는 어떤 것이 있나요?

• 주님 공현 대축일 •

별을 따라서

동방의 박사들에게 배우기

해마다 주님 공현 대축일을 지낼 때면 파리에서의 유학 시절이 떠오릅니다. 성 요셉을 주보성인으로 모시고 있는 파리외방전교회에서 주님 공현 대축일은 가장 큰 축제일입니다. 파리외방전교회가 동방 곧 아시아를 주 대상으로 선교하기에, 동방에서 온 박사들을 기억하는 것은 남다른 의미가 있습니다. 그곳에 사는 아시아 출신의 신부님들은 그날 큰 축제를 벌이며, 각 나라마다 노래와 장기 자랑을 하기도 합니다.

해마다 주님 공현 대축일 축제 시기가 되면 파리외방전교회는 여러 유명 인사를 초청하여 미사와 강론을 부탁합니다. 한번은 제가 신학생일 때 학장 신부님이셨던 셜투스 신부님께서 초청 인사로 그곳에 가서 강론을 하신 적이 있습니다. 동방에서 온 박사들이 아기 예수님을 발견하고 만방에 주님이심을 드러낸 것처럼, 이제 많은 아시아 신부님들이 그리스도교 신앙을 공부하고 연마하기 위해서 동방에서 와서, 그분들에게서 주님의 진리를 배우게 되었다는 말씀이 매우 인상 깊었습니다.

오늘 복음에서도 놀라운 소식이 전해집니다. 유다인들의 임금을 가장 먼저 경배하러 온 사람은 화려한 궁전의 임금도, 그의 신하나 학자도 아닌, 먼 여행길을 걸어온 누추한 행색의 동방의 박사들이었습니다.

그들은 누구였습니까? 먼 길을 떠난 사람들이었습니다. "우리는 동방에서 그분의 별을 보고 그분께 경배하러 왔습니다." (마태 2,2). 수많은 별들 중 그분의 별을 찾아 따라야 했던, 쉽지 않은 여행길이었습니다. 어느 순간 별을 잃고 헤매기도 했습니다. 예루살렘에서 우여곡절을 겪은 그들은 헤로데의 지시를 받고 다시 길을 떠나 별을 발견할 수 있었고 아기 예수님을 만나 경배하며 준비한 예물을 드릴 수 있었습니다.

동방 박사들의 이야기는 주님 공현 대축일을 지내는 우리에게 의미심장하게 다가옵니다. 예수님께서 주님이심이 만천하에 공적으로 드러났음을 기념하는 오늘, 우리에게 던져진 질문은 이것입니다. '나는 과연 아기 예수님에게서 주님, 구세주를 만났는가? 나는 그분에게서 나의 인생의 모든 것을 걸 만한 대상을 발견하였는가? 나는 그 길의 어디쯤에 와 있나?'

동방 박사들의 이야기는 2천 년 전 먼 옛날의 이야기인 동시에 21세기를 살아가는 우리 각자의 이야기이기도 합니다. 그러나 그들의 이야기가 우리의 이야기가 되기 위해서는 우리 역시 그들처럼 영적 여행을 하고 있는 사람이어야 합니다.

그들은 누구였습니까? 별을 좇아 길을 떠난 사람들이었습니다. 우리도 자신에게 물읍시다. '나는 별을 좇아 떠난 사람인가? 내 삶을 전부 바쳐도 좋을 그 무언가를 찾아 길을 나선 사람인가? 혹시 떠나지 않고 그 자리에 멈춘 채 땅만 바라보고 살고 있지는 않은가?'

물론 우리는 모두 별을 좇아 길을 떠난 사람들입니다. 하지만 마치 이미 목적지에 도달한 것처럼 중간에 멈추는 일이 많은 것도 사실입니다. 동방 박사들은 별을 잃고 예루살렘에서 그분을 찾아 헤맸습니다. 이제 우리 스스로에게 물읍시다. '나는 그분을 찾았다고 착각하며 살고 있지는 않은가? 가야 할 길이 남아 있는데, 마치 이미 목적지에 도달한 사람처럼 더 이상 찾으려고 하지 않는 것은 아닌가? 별을 잃지 않았는가? 더 이상 삶에서 별 찾기를 멈춘 것은 아닌가? 내가 가져온 꿈과 희망, 나를 위해 마련된 삶과 미래는 어찌 되었는가? 꿈을 잃고 그저 이리저리 세파에 시달리며 살고 있지는 않은가?'

동방 박사들의 이야기는 오늘 우리에게 다시 정신을 차리고 깨어 있기를 요구합니다. 아직 가야 할 길이 멀다고 말합니다. 우리가 가야 할 길은 우리의 삶을 온전히 봉헌할 대상을 찾는 것입니다. 우리가 그 대상을 예수님으로 생각하고 있다면, 우리에게 남겨진 일은 그분을 더욱 잘 아는 것입니다. 우리 자신에게 다시 물읍시다. '나는 그분이 어떤 분인지 잘 알고 있는가?'

박사들의 이야기는 우리가 걸어야 할 영적 여정을 상징적으로 표현합니다. 그리고 각자의 영적 여정은 얼굴만큼이나 다양합니다. 그것은 주님과 함께 걷는 길이며, 그분의 현존을 발견하는 것은 각자에게 맡겨져 있습니다.

박사들이 누추한 곳에 연약한 아기의 놀라운 모습으로 오신 유다인들의 임금을 알아보고 기뻐할 수 있었던 것, 가난한 예수님에게서 인류의 구세주를 발견할 수 있었던 것은 보이지 않는 하느님의 손길에 미래의 삶을 맡겨 드릴 수 있었기 때문입니다. 긴 여정과 시련의 시간이 그들에게 그러한 내맡김의 자세를 배우도록 한 것입니다.

우리 역시 우리 삶에 이미 찾아오신 주님, 우리의 가장 나약하고 어두운 삶에 놀라운 모습으로 숨어 계신 분을 알아보기 위해서는 동방 박사들처럼 여정 안에서 포기를 배우고 내맡김을 배워야 합니다. 지금 내가 그분을 알아 가는 데 불필요한 것, 나를 그분께로부터 멀어지게 하는 것들을 내려놓아야 합니다. 지금 시련이 힘겹고 도저히 그 끝이 보이지 않는다 할지라도 주님께서 그 안에서 나를 더욱 성장시키고 변화시키신다는 것은 분명합니다.

주님 공현 대축일, 예수님께서 주님이심이 만방에 드러남을 기념하는 이 축제가 우리 각자의 신앙을 통해 우리의 삶에서도 실현되기를 기도합시다. 그러기 위해서는 우리 스스로 그 길을 걸어야 합니다. 별을 좇아 떠나야 합니다. 그분을 발견하기를 진정으로 바라야 합니다. 이 여정에서 우리가 인내심을 갖고 교회 안에서 계속해서 그분을 찾아 나선다면, 우리는 조금씩 그분을 발견하며 변화할 수 있을 것입니다.

내 삶에서, 가장 가난하고 보잘것없고 고통받는 이와 고통과 아픔을 나누고 그에게 사랑을 전해 줄 수 있다면, 그가 절망을 딛고 희망을 꿈꾸며 믿음으로 다시 일어서도록 손을 내밀어 줄 수 있다면, 분명 우리 삶을 통해 '주님의 주님이심'이 만천하에 드러날 것입니다.

다시 떠나는 축복의 길

동방에서 박사들이 별을 좇아 인류의 구세주를 찾아왔습니다. '동방' 박사들의 여정은 우리의 시선을 저 먼 하늘, 저 먼 서양, 베들레헴이나 예루살렘 혹은 유럽이 아닌, 동방에 살고 있는 우리 각자의 삶을 향하게 합니다. 그들은 동방에서 구세주를 찾아 떠났던 것입니다.

그들이 걸은 길은 탄탄대로가 아니었습니다. 별 하나를 따라 나선 길이었습니다. 묻고 물으며, 더듬고 더듬으며 찾아 걸었던 길 위에는 악인도, 살인자도 있었습니다. 시련을 거친 동방 박사들은 긴 여정 끝에 아기 예수님을 발견했습니다. 그들이 걸은 길에서 예수님이 어떤 분이신지가 환히 드러납니다.

그렇듯 시련을 겪고 나약함과 한계를 안고 사는 우리 각자의 삶에서 예수님께서 주님이심이 더 밝히 드러날 것이라 희망하게 되는 오늘입니다. 그러니 결코 실망하지 맙시다. 동방의 박사들도 그러하였습니다. 이것이 주님께서 오늘 우리에게 주시는 메시지입니다.

우리의 삶이 누추하고 초라하다고 느껴질 때, 어디로 가고 있는지 방향이 잘 보이지 않을 때, 힘이 들고 지쳐 가던 걸음을 멈추고 쓰러지고 싶을 때, 실망하지 맙시다. 우린 그런대로 잘 살아왔으며, 주님께서 친히 우리 가는 길을 축복해 주시고 동반해 주십니다.

축복이란 주님께서 우리에게 관심을 갖고 기대하시며, 우리를 믿고 응원하고 계심을 의미합니다. 주님께서는 우리가 잘되고 성공하며 기뻐하기를 바라십니다. 이웃과 어울려 친교의 기쁨을 누리기를 바라며 응원하십니다.

그 축복의 길은 주님께서 하신 것처럼 우리도 형제에게 관심을 갖고 형제를 대하는 삶에 있을 것입니다. 그분처럼 서로 축복하고 응원하며 기쁨을 나누고, 혹시라도 서로 서운하게 하고 상처를 준 적이 있다면 진심 어린 마음으로 용서를 청하는 삶에 있을 것입니다.

> **오늘, 나를 위한 질문**

1. 나는 어떤 별을 따라 길을 걷고 있나요?
2. 나는 이웃을 위해 주님께 축복을 청하는 삶을 살고 있나요?

• 주님 공현 대축일 후 주간 •

찾아 나서는 용기

우리 자신의 탄생을 기억하는 축제

"사랑하는 이는 모두 하느님에게서 태어났으며 하느님을 압니다."(1요한 4,7). 사람을 새로 태어나게 하는 것은 사랑입니다. 요한의 첫째 서간을 쓴 예수님의 제자가 체험한 것이 바로 '사랑으로 다시 태어남'입니다.

복음서가 전하는 빵을 많게 하신 기적(마르 6,34-44 참조) 이야기의 저변에는 예수님에 대한 추억이 담겨 있습니다. 그분의 사랑에 대한 체험이 묻어납니다.

"예수님께서는 배에서 내리시어 많은 군중을 보시고 가엾은 마음이 드셨다. 그들이 목자 없는 양들 같았기 때문이다."(마르 6,34). 그리하여 예수님께서는 군중에게 많은 것을 가르쳐 주시기 시작합니다. 시간이 가는 줄도 모르시다 어느덧 군중에게는 마음의 양식만이 아니라 육신의 양식도 필요하다는 것을 보십니다. 예수님께서는 가진 것 전부를 들고 하느님께 감사를 드린 다음 나누어 주십니다. 그리고 모든 사람이 배불리 먹고도 남은 조각을 거두어들이니 열두 광주리에 가득 찼습니다. 제자들이 체험한 예수님의 지극한 사랑, 자신들을 다시 태어나게 해 준 사랑의 기억을 이보다 더 아름답게 표현할 수 있을까요!

성탄 축제는 주님의 탄생만이 아닌 그 탄생으로 가능하게 된 우리 각자의 탄생을 기억하는 축제입니다. 우리는 주님의 사랑으로 다시 태어난 존재들입니다. 그 사랑은 간절히 바라고 열망하는 사랑, 생명을 잉태하고 탄생시키는 사랑, 먹이고 입히며 돌보는 사랑, 가도록 내어 주고 포기하는 사랑입니다.

전례가 우리에게 그 사랑을 기억하게 하는 이유는, 우리가 그 사랑을 증언하도록, 그 사랑으로 다시 생명이 태어나도록, 생명을 열망하고 생명이 전달되도록, 그리하여 모든 이가 그 안에서 기뻐하도록 하기 위해서입니다.

선교하는 교회

성탄 축제에 나누는 '은총' 체험은 어떤 것일까요?

그리스도교 신앙 체험의 특수성은, 거슬러 올라가 찾아가는 것입니다. 복음서는 시간의 흐름에 따라 이야기를 전개하지만, 실제로는 거슬러 올라갔던 것입니다. '우리가 받은 이 구원과 은총이 어디서 비롯되었는가?'라는 질문에 답하기 위해서입니다.

그 체험의 내용은 요한의 첫째 서간에 잘 나타나 있습니다.

"사랑하는 이는 모두 하느님에게서 태어났으며 하느님을 압니다."(1요한 4,7).

"우리가 하느님을 사랑한 것이 아니라, 그분께서 우리를 사랑하시어 당신의 아드님을 우리 죄를 위한 속죄 제물로 보내 주신 것입니다."(1요한 4,10).

요한 복음서에서도 전합니다.

"그분께서는 당신을 받아들이는 이들, 당신의 이름을 믿는 모든 이에게 하느님의 자녀가 되는 권한을 주셨다. 이들은 혈통이나 육욕이나 남자의 욕망에서 난 것이 아니라 하느님에게서 난 사람들이다."(요한 1,12-13).

그것은 바로 하느님의 자녀, 아들과 딸로서의 체험입니다. 나라는 존재가 내버려진 존재가 아니라 사랑의 결과라는 것이자 나를 바라고 갈망하는 어떤 분이 계신다는 것입니다. 그분은 세상 만물이 있게 하신 분이고, 우리는 그분의 지극한 사랑을 받는 존재입니다. 그분으로 인해 우리는 스스로를 '선물'과도 같은 존재로 체험할 수 있습니다.

오늘 선교하는 교회, 시노드적 교회를 꿈꾼다면, 바로 이 체험에서 출발해야 하지 않을까요? 그 체험은 자비를 입은 존재로서의 체험, 오늘도 가득한 자비로 세상과 우리 자신을 품어 안으시는 하느님에 대한 체험입니다. 그 은총과 자비로 우리에게 오신 하느님께 감사드리며, 그 은총과 자비를 전하도록 초대된 우리 자신을 다시 한번 인식하고, 봉헌하는 한 해를 보내기를 기도합니다.

예수님의 희년 선포

예수님께서 나자렛 회당에서 희년을 선포하십니다. 복음서 저변에 흐르는 예수님에 대한 제자들의 추억과 체험을 헤아려 봅니다.

예수님의 사랑에 감화된 제자들, 그들은 '지금 여기'서 구원과 해방을 살아갈 수 있도록 하느님께서 직접 인간을 방문하셨음을 경험하였습니다. 예수님의 나자렛 회당에서의 선포는 예수님의 선포인 동시에, 제자들이 실제로 목격하고 경험한 진리입니다. 곧 그분께서는 약속된 메시아로서 가난한 이와 잡혀간 이, 눈먼 이, 억압받는 이에게 다가가 그들에게 새로운 희망과 삶의 의미, 기쁨을 선사하신 분이시라는 것입니다.

"오늘 이 성경 말씀이 너희가 듣는 가운데에서 이루어졌다."(루카 4,21).

그런데 이 말씀이 과연 받아들일 수 있는 말씀일까요? 그렇다면 어떤 의미로 받아들여야 할까요? 이사야서에 언급된 가난한 이와 잡혀간 이, 눈먼 이, 억압받는 이가 안고 사는 문제는 무엇이며, 메시아는 어떻게 그 문제를 해결할 것인가요?

우리는 메시아께서 초인적인 힘으로 마술을 부리듯 그들을 해방시키지 않을 것임을 압니다. 메시아께서는 인간 삶에 다가가 그를 만나고 대화를 나누며 관계를 맺는 방법으로 그 안에 하느님과 생명, 삶을 향한 열정을 불러일으키는 믿음을 회복시켜 주실 것입니다.

"세상을 이긴 그 승리는 바로 우리 믿음의 승리입니다."(1요한 5,4).

우리의 근본적인 문제는 부유하지 못하거나 갇혀 있거나 보지 못하거나 억압받는 것이 아니라, 믿음을 잃고 확신이 없어 열망하지 못하는 것, 진정으로 바라지 못하고 희망하지 못하는 것, 사랑하지 못하는 것에 있지 않을까요?

새해를 여는 지금, 예수님께서 다가오시어 우리를 축복하십니다. 우리가 믿음과 희망과 사랑을 간절히 열망하고 그것을 찾아 나서기를 바랍니다. 이제 용기를 내어 결단을 내려야 할 때입니다.

영혼의 병을 극복하는 길

성탄의 신비에 대해 묵상하며 연중 시기를 준비하는 주간, 나병 환자의 '치유' 사건이 성탄 신비와 관련하여 어떤 메시지를 주는지 묵상해 봅시다.

온몸에 나병이 걸린 사람이 예수님께 다가와 예수님을 보고 얼굴을 땅에 대고 엎드리며 병을 고쳐 달라고 청합니다. 예수님께서 손을 내밀어 그에게 대시며 "내가 하고자 하니 깨끗하게 되어라."(마태 8,3)라고 하시자 곧 나병이 가셨습니다. 의사나 간호사가 보았다면 손을 대는 것을 극구 만류하였을 것입니다.

당시 나병 환자와 접촉하는 것은 굉장히 위험한 행동으로 여겨졌습니다. 그들은 공동체에서 격리되어 살았고, 길을 갈 때는 사람들이 피할 수 있도록 큰 소리로 자신이 나병 환자임을 외쳐야 했습니다.

이 이야기의 초점은 예수님의 '접촉'이나 '치유'보다는 바로 다음에 이어지는 장면에 있지 않을까 합니다. 예수님은 나병이 가신 사람을 사제에게 보내서, 다시 공동체에서 그를 받아들이도록 배려하십니다. 예수님의 소문은 더 퍼져 더 많은 사람들이 말씀도 듣고 병도 고치려 모여 왔지만, 그분은 외딴곳으로 물러가 기도하십니다.

즉각적인 답을 바라는 사람과 예수님의 거리 두기가 대조를 이룹니다. 그분은 당시 활동하던 '치유자'나 '구마자'와는 다르셨습니다. 본격적으로 치유와 구마를 위해 '자리를 펴신' 것이 아니기 때문입니다. 그분의 행위와 말씀의 원천은 기도, 곧 하느님 아버지와의 친교였으며, 그분이 선포하신 하느님 나라는 아버지 하느님의 창조 질서를 회복하는 것이자 인간이 진정으로 사는 것, 곧 하느님의 자녀로 새로 태어나는 것이었습니다. 병고와 질병으로 고통받는 인간을 향한 아버지 하느님의 사랑과 자비의 마음을 전해 주는 것, 그들이 병고와 질병에 시달리는 와중에도 언제나 하느님의 보호를 받는 자녀가 되도록 하는 것이 관건이었습니다.

마르코 복음사가는 예수님께서 그 병자를 보시자 '가엾은 마음'이 드셨다고 전합니다. 고통받는 인간을 향한 하느님의 자비로운 마음이야말로 이 시대의 치유이자 약이 아닐까요? 병든 처지를 공감해 주고 함께 아파하며 함께 기도하고 함께 희망하는 것. 진정한 기적이란 병이 인간에게 미치는 지배력보다 더 큰 하느님 사랑을 믿고 희망하는 것이 아닐까요? 병과 죽음 앞에서 공포에 떨며 번민하기보다 하느님께 온전히 의탁할 수 있는 믿음의 마음, 보이지 않는 미래를 하느님께 맡겨 드릴 수 있는 희망의 마음, 고통받는 이들과 하나 되어 함께 기도하는 사랑의 마음, 그것이 신앙이 주는 선물일 것입니다.

지금 이 시간이 우리 안에 다시 태어나신 그분을 기쁜 마음으로 모시고, 담대하게 복음을 전할 수 있는 마음을 청하는 시간이 되기를 기도합니다.

오늘, 나를 위한 질문

1. 나는 찾아 나서는 사람인가요, 안주하는 사람인가요?
2. 내 영혼의 병을 고치기 위해 주님의 자비를 청하며 살고 있나요?

• 주님 세례 축일 •

하느님 자녀 됨의 고귀함

'고난받는 종'의 겸손과 섬김

주님의 세례는 당신이 누구신지를 공적으로 드러낸 '공현 Epiphaneia' 사건입니다. 예수님께서 세례를 받고 기도하실 때 하늘이 열리고 성령께서 비둘기 같은 형체로 그분 위에 내립니다. 그리고 하늘에서 "너는 내가 사랑하는 아들, 내 마음에 드는 아들이다."(루카 3,22) 하는 소리가 들려옵니다. 예수님께서 하느님의 '고난받는 종'으로서 이스라엘에 해방을 가져다주실 분이며(이사 42,1-4.6-7 참조), '하느님께서 성령과 힘을 부어 주신'(사도 10,38 참조) '그리스도'요 '하느님의 아들'이심이 드러난 것입니다.

그런데 왜 하느님의 아들이신 거룩하신 분께서 요한이 선포한 "죄의 용서를 위한 회개의 세례"(루카 3,3)를 받으셨을까요? 사실 주님의 세례는 당신께서 가져다주실 구원 업적을 미리 보여 준 사건입니다. 그분은 마술과 같은 힘으로 우리를 죄와 죽음에서 건져 주시는 분이 아닙니다. 하느님의 아들이셨지만 인간 구원을 위해 우리와 똑같은 사람이 되어 이 세상에 오신 분입니다. 죄와 악이 난무하고 온갖 위험과 시련이 도사리는 이 세상, 어둠으로 가득 찬 바로 이 세상에서 하느님의 뜻과 구원을 이루시기 위해서였습니다.

죄 없으신 분께서 죄를 씻는 세례를 받으심으로써 죄로 물든 인류의 운명에 동참하십니다. 하느님과 똑같으신 분께서 아버지의 뜻을 따라 자신을 한없이 낮추십니다. 예수님께서 물에 잠기는 세례를 통해 보여 주신 '고난받는 종'의 겸손과 섬김의 모습은 십자가 위에서 아버지와 인류를 향해 당신의 목숨을 내어 주심으로 완성될 것입니다. 예수님께서는 세례를 받으시며 십자가에서 피 흘림으로 겪게 될 '죽음의 세례'를 미리 받으셨던 것입니다.

이처럼 예수님의 세례에서 인간을 위한 하느님의 크신 사랑과 구원 업적이 실현됩니다. 하느님의 사랑받는 아드님을 통해 그동안 아담의 죄로 닫혔던 "하늘이 열리고"(마태 3,16 참조) 물이 거룩해졌으며 모든 인간에게 참구원의 길이 열린 것입니다.

예수님의 세례는 또한 그리스도인의 세례를 상기시킵니다. 우리 모두는 세례성사로 예수님의 죽음과 부활에 동참하였습니다. 요한의 말대로 "성령과 불"(마태 3,11)로 세례를 받고 하느님의 사랑받는 자녀로 새로 태어난 것입니다.

"그리스도 예수님과 하나 되는 세례를 받은 우리가 모두 그분의 죽음과 하나 되는 세례를 받았다는 사실을 여러분은 모릅니까? 과연 우리는 그분의 죽음과 하나 되는 세례를 통하여 그분과 함께 묻혔습니다. 그리하여 그리스도께서 아버지의 영광을 통하여 죽은 이들 가운데에서 되살아나신 것처럼, 우리도 새로운 삶을 살아가게 되었습니다."(로마 6,3-4).

오늘 기념하는 예수님의 세례는 우리가 세례를 통해 받은 하느님 자녀로서의 고귀함을 일깨워 주며, 매일 새로운 삶을 살아가도록 우리를 초대하고 있습니다.

"예수님께서 세례를 받으실 때 아담의 죄로 닫혔던 "하늘이 열리고"(마태 3,16), 예수님과 성령께서 내려오시어, 물이 거룩하게 되었다. 이는 새로운 창조의 서막이다."(『가톨릭 교회 교리서』 536항).

너는 내가 사랑하는 아들

'주님 세례 축일'은 예수님께서 요한으로부터 세례를 받으심을 기념하는 날입니다. 죄 없으신 분께서 "죄의 용서를 위한 회개의 세례"(루카 3,3)를 받습니다. "제가 선생님께 세례를 받아야 할 터인데 선생님께서 저에게 오시다니요?"(마태 3,14). 우리도 요한처럼 그분을 만류해야 하지 않을까요? 루카 복음사가는 예수님의 세례 장면을 전하며, 하늘에서 들리는 소리를 향해 귀를 기울이도록 우리를 초대합니다.

"온 백성이 세례를 받은 뒤에 예수님께서도 세례를 받으시고 기도를 하시는데, 하늘이 열리며 성령께서 비둘기 같은 형체로 그분 위에 내리시고, 하늘에서 소리가 들려왔다. "너는 내가 사랑하는 아들, 내 마음에 드는 아들이다.""(루카 3,21-22).

주님의 세례는 무엇보다 그분께서 하느님 아버지와 맺는 관계가 어떤 것인지를 명백히 드러내 보이는 사건입니다. 그분께서 '사랑하는 아들'로 불린 것은 아버지의 뜻을 따라 죄 많은 인간의 역사 안으로 들어오셨기 때문입니다. 인간의 죽을 운명, 비천함과 나약함을 온전히 당신 것으로 받아들인 그 사랑이 아버지의 사랑과 닮았기 때문입니다.

주님의 세례는 또한 그분께서 장차 선포하실 하느님 나라가 어떤 것인지 미리 알려 주는 사건입니다. 하느님 나라란 정치적 혁명을 통해 실현할 나라도, 마술과 같은 능력으로 우리를 죄와 악으로 물든 세상으로부터 구해 내는 환상의 나라도 아닙니다. 하느님 나라는 지극히 현실적인 나라입니다. 죄와 악이 난무하고 온갖 위험과 시련이 도사리는, 죽음의 어두운 그림자가 드리운 바로 우리의 삶에서 실현될 나라입니다. 그 나라는 인간의 가장 깊은 열망에 맞닿아 있는 나라입니다. 온갖 종류의 속박으로 인간을 옭아매고 무거운 짐으로 내리 누르는 죄와 악의 현실로부터 근본적으로 해방되기를 바라는 인간의 간절한 바람에 답하기 위해, 예수님께서 죄 많은 인류의 역사 한가운데로 뛰어 드신 것입니다.

마지막으로 주님의 세례는 우리가 받은 세례를 기억하도록 합니다. 세례는 단순한 예식적 절차도, 지나온 과거를 마술처럼 깨끗이 씻는 정결례도 아닙니다. 세례는 예수님과 하나 되는 것이며, 그분과 함께 묻히고 그분과 새로운 삶을 사는 것입니다(로마 6,3-4 참조). 세례를 통해 신앙인은 죄로 각인된 과거의 삶을 청산하고, 간절히 열망하던 구원의 길로 들어서는 것입니다.

주님 세례 축일은 우리 안에 이미 시작된 이 아름답고 장엄한 '탈출기'를 상기시켜 줍니다. 죄로부터의 탈출이며 '자유와 평화'라는 약속의 땅을 향한 여정입니다. 그 여정은 단 한 걸음으로 완성되지 않습니다. 그것은 우리 자신의 변화와 성장의 과정이기 때문입니다. 물에 잠기는 세례가 죽음을 의미하듯, 변화와 성장을 위해서는 자신을 죽이는 고통이 수반됩니다. 그러나 그 길이 기쁨을 가져다주는 이유는, 우리가 찾아 나선 자유와 평화를 그 길 위에서 미리 맛볼 수 있기 때문입니다.

> **오늘, 나를 위한 질문**
>
> 1. 주님의 세례에서 나를 향한 주님의 사랑을 느낄 수 있나요?
> 2. 나는 세례 받은 존재라는 신원을 의식하며 살아가나요?

• 주님 봉헌 축일 •

약속을 잊지 않는 희망

가난과 겸손, 희망의 영성

주님 봉헌 축일은 마리아와 요셉이 모세 율법의 규정에 따라 정결례를 치르고 예수님을 주님께 봉헌하심을 기념하는 날입니다. 성탄으로부터 사십 일째 되는 날로, 성탄과 주님 공현을 마감하는 날이기도 합니다. 이처럼 우리는 연중 초입에 다시금 성탄의 신비를 묵상하도록 초대됩니다.

주님 봉헌 축일의 전례는 매우 역동적으로 이 축일을 경축합니다. 먼저 초 축복과 행렬입니다. 촛불은 계시의 빛이신 주님을 상징합니다. 우리가 주님을 맞이하는 설렘과 덕을 닦음으로써 영원한 빛에 이르리라는 희망과 바람으로 전례에 임하도록 초대합니다. 행렬은 믿는 이들의 대열 속에서, 전례에 참여한 모두가 하느님 백성의 일원임을 의식하도록 합니다.

다음으로 가난과 겸손, 희망의 영성입니다. 복음에 등장하는 시메온은 매우 연로한 어르신이었습니다. 의롭고 독실하며, 이스라엘이 위로받을 때를 기다리는 이였습니다. 동족이 겪고 있는 고통과 시련을 잘 알고 있었고, 절망하지 않고 희망의 끈을 꼭 잡고 있었습니다. 그는 '약속의 말씀'을 잊지 않고 기대하고 있었습니다. 바로 '희망의 영성'이었습니다. 평범하기 짝이 없는 이 노인이 아기 예수님을 두 팔에 안아 하느님께 찬미를 드릴 영광을 얻었습니다. 그의 기도는 자비를 입은 이의 기도였으며, 그가 전하는 하느님은 자비의 하느님, 약속을 선사하시고 약속에 신실하시며 약속을 이루시는 분이셨습니다. 약속에 대한 믿음과 기다림이 시메온을 가난하고 겸손하게 만들었을 것입니다. 시메온의 희망의 영성, 가난과 겸손의 영성이 우리의 영성이 될 수 있기를 바랍니다.

주님 봉헌 축일은 축성 생활의 날입니다. 주님께 자신의 삶을 봉헌한 수도자들을 위한 날이기도 합니다. 인간이 빛날 때는 성소가 드러났을 때입니다. 우리 각자에게 주어진 성소를 새롭게 할 수 있기를 청합시다. 특히 가난과 겸손의 영성을 통해 하느님의 부르심에 응답할 때, 자비를 입은 이의 기도를 올리며, 약속의 하느님을 확신을 갖고 선포할 때 봉헌된 자의 삶이 더욱 빛날 것입니다.

축성 생활의 날

시메온의 노래에서 이날의 기쁨을 찾을 수 있습니다. "주님, 이제야 말씀하신 대로 당신 종을 평화로이 떠나게 해 주셨습니다. 제 눈이 당신의 구원을 본 것입니다. 이는 당신께서 모든 민족들 앞에서 마련하신 것으로 다른 민족들에게는 계시의 빛이며 당신 백성 이스라엘에게는 영광입니다."(루카 2,29-32).

오랜 기다림 끝에 평화로이 떠나게 해 주셨다는 고백에서, 각자의 삶이 교차됨을 느낍니다. 시메온은 약속을 지키시는 하느님, 끝까지 믿고 기다리는 이에게 주어진 구원을 이야기하고 있습니다. 그리고 그것은 우리 각자의 이야기입니다.

카스퍼 추기경은 『자비』라는 책에서 시메온과 한나를 언급하며, 예수님의 탄생 이야기는 인간의 사고 범주와 사람들 사이에 통상적으로 적용되는 법칙을 완전히 뒤엎는다고 말합니다. 아론과 다윗 가문처럼 큰 지파에 속한 사람들만 메시아의 탄생을 체험한 것은 아닙니다. 즈카르야와 엘리사벳, 시메온과 한나 같은 경건한 서민들도 조용히 살며 메시아의 오심을 고대하다가 그분의 탄생을 체험했습니다. 주님은 약속에 신실하시어 약속하신 바를 반드시 이루시는 분입니다. 인간의 기대를 완전히 뛰어넘는 하느님의 개입을 끝까지 믿고 기다리는 이는 구원을 볼 것입니다.

따님을 수녀님으로 봉헌하신 시골 본당의 한 할머니의 말씀이 기억납니다. "예수님한테 계속 기도하는 겨. 그런데 잘 안 들어주셔. 그래도 계속 기도하는 겨."

이 기도는 분명 자비를 입은 이의 기도였습니다. 그 자비는 약속을 선사하시고 약속에 신실하시며 약속을 이루시는 하느님의 행위입니다. 그 자비에는 죄와 악의 굴레에서 벗어나도록 이끌어 해방하는 힘, 새로운 삶을 선사하고 새로 나게 하며 새롭게 살게 하는 힘이 있습니다. 그분께서 사랑으로 우리 안에 현존하시며, 사랑이 악보다 강하다는 것을 믿도록 이끄십니다.

오늘 우리가 다양한 위기와 시련을 겪으면서도 희망을 간직할 수 있는 이유는, 그분의 자비가 인간의 사고 범주와 법칙과 기대를 뛰어넘기 때문입니다. 그분은 약속의 하느님, 신실하신 하느님이시기 때문입니다. 우리가 삶에서 좌절과 절망, 불화와 부조리를 경험하면서도 희망할 수 있는 이유는 하느님께서 개입하시어 새롭게 하실 것이라는 믿음 때문입니다. 우리는 사랑이 죄와 죽음보다 강하며, 희망이 좌절보다 강하다는 것을 믿습니다.

시메온처럼 매일의 놀라운 기적으로 우리에게 다가오시는 분을 맞이하기 위해, 축성 생활의 날인 오늘, 깨어 사는 삶을 살기로 다짐해 보면 좋겠습니다. 그분께서 당신의 사랑으로 우리 안에 새로운 생명력을 불어넣어 주시기를 청합시다. 온 땅을 하얗게 덮은 눈처럼, 그분께서 우리 손을 통해 이 세상을 새롭게 만들어 주시기를 기도합시다.

오늘, 나를 위한 질문

1. 나는 봉헌의 삶을 살도록 초대된 존재임을 의식하며 살고 있나요?
2. 우리 주위에서 자비를 입은 분들의 기도가 어떤 것이었는지 알아봅시다.

> 대림 · 성탄 시기 묵상 시

미소한 그대가 희망

온 땅을 뒤덮은 칠흑 같은 어둠 속에서

한 줄기 내려온 하늘 작은 별빛

오래된 그 약속 잊혀진 줄 알았던 기억

살며시 다가와 이루어 주시네

무엇이기에 내가 무엇이기에

오시나이까 여기 오시나이까

말씀하시네 내 님 말씀하시네

미소한 그대가 희망

이젠 나의 전부이신 내 님께 나의 전부 드리며

수줍은 나의 사랑을 고백하옵니다.

수원가톨릭대학교
표창연 신부

* 이 시는 『미소한 그대가 희망』의 출간을 축하하는 표창연 신부(수원교구)의 헌정 시입니다.